RENATE HUDAK

KÜCHEN GARTEN

FÜR EINSTEIGER: SCHRITT FÜR SCHRITT ZU FRISCHER ERNTE

Den Küchengarten anlegen und pflegen

Obst, Gemüse und Kräuter auswählen

Den Küchengarten gestalten

Den Küchenga

rten anlegen und pflegen

Gartenspaß durch gute Planung

Den eigenen Garten gestalten und pflegen ist heute für viele Menschen eine wohltuende Freizeitgestaltung. Liefert sie auch noch sichtbare »Erfolge« für die Küche, umso besser! Am meisten Spaß bringt Ihnen das Gartenvergnügen, wenn Sie planvoll vorgehen und sich vorab überlegen, welche Kräuter-, Obst- oder Gemüsearten am besten zu Ihren Vorlieben und Ansprüchen passen.

Hätten Sie's gewusst? Gartenarbeit liegt voll im Trend! Und das, obwohl die Gärten heute im Allgemeinen eher kleiner sind und die Menschen in ihrer Freizeit aus einem immensen Angebot an Aktivitäten wählen können. Im Vergleich mit gekauften Produkten ist selbst gezogenes Gemüse zwar preislich nicht wirklich günstiger, vor allem dann nicht, wenn man den Arbeitsaufwand einbezieht! Jedoch das Erlebnis, einen Salatkopf vom Samenkorn an beim Wachsen beobachtet zu haben, ist unbezahlbar!

Gesundheit aus dem eigenen Garten

Sicherlich hat auch ein steigendes Gesundheitsbewusstsein wesentlich dazu beigetragen, dem – weitgehend unbelasteten – Obst und Gemüse aus dem eigenen Garten wieder einen höheren Wert beizumessen. In Zeiten immer größerer Schadstoffbelastung der Umwelt ist es ein großer Vorteil, Obst und Gemüse ernten zu können, das nicht mit chemischen Spritzmitteln behandelt ist.

Frisch auf den Tisch

Wenn Ihnen nur wenig Anbaufläche zur Verfügung steht oder Sie keine Zeit für ausgiebigere Gartenpflege haben, dann kultivieren Sie Beerenobst und Gemüsearten, die besonders frisch verzehrt werden sollten und nicht lange haltbar sind, wie z. B. Salate und Radieschen. Auch bei Kräutern haben Sie einen »Frischevorteil«, da sie kurz vor dem Zubereiten geerntet ihre volle Würzkraft entfalten.

»Learning by Doing«

Beginnen Sie erst mit einigen wenigen und einfachen Kulturen, machen Sie einen Anbauplan vorneweg und haben Sie Geduld mit sich und den Pflanzen, denn gerade beim Gärtnern gilt der Grundsatz »Learning by Doing« – Sie werden von Jahr zu Jahr neue Erkenntnisse gewinnen und sich dann auch an »schwierige« Pflanzen wagen.

Was passt in meinen Garten?

Was sind Ihre Lieblingskräuter? Welches Gemüse schmeckt Ihnen am besten? Sind Sie ein Salat-Fan? Wie viel Zeit haben Sie übrig, Pflanzen im Garten oder auf dem Balkon zu hegen und zu pflegen? Wie groß ist Ihre Familie, und sind alle anderen Mitglieder auch Salat- und Gemüsefreunde? Haben Ihre Kinder eher Lust auf knackige Rohkost und leckere »Schnupperkräuter«? Neben diesen Vorüberlegungen zur Anlage eines Küchengartens müssen natürlich auch die Gegebenheiten vor Ort passen. Auch einige Grundlagen des »Gärtner-Einmaleins«, wie z. B. Pflanzenschutz und Pflanzenpflege, sollten Sie berücksichtigen. Doch keine Angst, nachdem im Hausgarten keine riesigen Flächen mit der selben Pflanzenart bestückt sind, halten sich Schädlingsbefall und Krankheiten weitgehend in Grenzen, und wenn Sie es richtig anstellen, bleiben Ihre Nutzgartenpflanzen fit, und Sie ernten Gesundheit pur!

Lust auf Neues?

Wie wäre es mit einem tropischen Schlinggewächs in Ihrem Küchengarten? Süßkartoffeln, botanisch gesehen nicht mit Kartoffeln verwandt, stammen ursprünglich aus Südamerika und wurden schon von den Inkas angebaut. Im Laufe des 16. Jahrhunderts wurde die von den Indianern »Batate« genannte Pflanze nach Europa gebracht. Süßkartoffeln werden wie Kartoffeln vor- und zubereitet. Besonders dekoratives Laub haben buntblättrige Süßkartoffeln wie z. B. die Sorten 'Marguerite', 'Variegata' und 'Blacky', die im Herbst eine beachtliche Menge an purpurroten, dickschaligen Knollen mit orangefarbigem Fruchtfleisch hervorbringen.

Gehen Sie planvoll vor

Bevor der neue Küchengarten entsteht, will alles gut durchdacht sein. Nehmen Sie sich in den Wintermonaten Zeit, den richtigen Standort in Ihrem Garten zu finden, Sorten und Arten auszuwählen und die Anbaureihenfolge zu planen.

- Beginnen Sie mit wenigen Beeten mit Ihren Lieblingsgemüsen und -kräutern, bevor Sie des Guten zu viel tun und der Garten nach kurzer Zeit nur mehr eine Last ist statt eine Lust!
- Sehen Sie zu, dass Gemüse- und Kräuterbeete nahe beim Haus liegen, damit Sie nicht für jeden einzelnen Salatkopf den Garten durchqueren müssen.
- Auch die Wege zum Kompost, zum Wasseranschluss oder zur Regenwassertonne sollten möglichst kurz sein.
- Wählen Sie für Kräuter- und Gemüsebeete einen möglichst sonnigen und geschützten Standort.
- Achten Sie außerdem darauf, dass die Gemüsebeete nicht im Schatten von großen (oder größer werdenden!) Bäumen und Sträuchern liegen.
- In der Hauptwindrichtung oder zur Straßenseite hin kann eine nicht zu hohe Hecke (z. B. Beerensträucher) als wirkungsvoller Schutz vor kalten Winden und Schadstoffen fungieren.
- Bepflanzen Sie die Beete nach dem Prinzip der Mischkultur (siehe Seite 16/17) und wählen Sie eine sinnvolle Fruchtfolge (siehe Seite 14/15) – damit schalten Sie viele Schädlinge und Pilzkrankheiten von vornherein aus.
- Kompostbereitung ist vielleicht nicht auf Anhieb jedermanns Sache. Führen Sie sich aber einmal vor Augen, dass Sie damit sowohl wertvollen Dünger zum Nulltarif bekommen als auch eine Menge organisches Abfallmaterial sinnvoll und praktisch entsorgen.
- Wenn Sie den Küchengarten neu anlegen, säen Sie vorher Gründüngung aus. Bienenfreund & Co. sind eine Erholungskur für jeden Boden.
- Selbst wenn Sie nur auf »Balkonien« gärtnern, können Sie Ihren Spaß an selbst gezogenem Gemüse und Kräutern haben. Salate, Radieschen und Mangold, Tomaten, Zucchini, Kürbis und Stangenbohnen lassen sich in Kästen, Töpfen oder Kübeln kultivieren, und Kräuter wachsen in Hängeampeln, Töpfen und Balkonkästen.

Kräuter machen's Ihnen leicht

Kräuter sind im Vergleich mit Gemüse und Salat einfacher und pflegeleichter im Anbau.

- Zum Beispiel ist ein sehr leichter, sandiger Boden, der für viele Gemüsearten erst »verbessert« werden muss, für

Wer bereits über etwas Gartenerfahrung und ausreichend Zeit verfügt, kann bei Gemüse, Salat und Kräutern aus dem Vollen schöpfen und einen vielfältigen und vielgestaltigen Küchengarten anlegen.

typische Sonnenkräuter wie Thymian, Rosmarin, Koriander oder Dill geradezu ideal.

- Haben Sie nur wenig Platz im Garten? Auch das ist für den Kräuteranbau kein Hindernis, denn meistens reicht pro Art eine Einzelpflanze aus, um den Bedarf an Salat- oder Speisewürze zu decken.
- Möchten Sie den wenigen Platz auf den Beeten doch lieber Möhren und Blumenkohl vorbehalten? Auch kein Problem, denn sogar im Ziergarten lassen sich viele Kräuter gut integrieren. Lavendel, Salbei und Ysop im Rosenbeet, Thymian und Majoran im Steingarten, Oregano, Zitronenmelisse und Minze in den Staudenpflanzungen.
- Oder haben Sie gar keinen Garten? Auch für Balkon- und Terrassengärtner eignen sich Kräuter bestens, einige lassen sich sogar eine ganze Zeit lang im Topf am Küchenfensterbrett zufrieden stellend kultivieren.

Wer die Wahl hat …

Das Gemüsesortiment ist nahezu riesig, und wenn Sie erst mal mit nur wenigen Beeten beginnen möchten, sind Sie anfangs vielleicht ratlos, wenn's ums Auswählen geht. Verschaffen Sie sich also zuerst einmal einen Überblick!

- Wollen Sie schnell erste Erfolge erzielen, wählen Sie Sommersalate oder unproblematische Schnellwachser wie Radieschen und Gartenkresse. Sie haben eine kurze Kulturzeit und sind relativ anspruchslos.
- Steht Ihnen auch im Winter der Sinn nach Frische aus dem Garten, bauen Sie Herbst- und Wintersalate an, die sich überwintern und dann schon sehr früh im Jahr bereits wieder ernten lassen.
- Haben Sie genug gärtnerische Ausdauer für Kulturen mit längeren Kulturzeiten und etwas höherem Pflegeaufwand, dann kultivieren Sie Wurzel-, Knollen-, Zwiebel- und Lagergemüse.
- Wollen Sie gut ausgereiftes mediterranes Gemüse und Fruchtgemüse ernten, brauchen Sie einen besonders warmen und sonnigen Platz, oder Sie helfen mit Folie, Vlies oder im Kleingewächshaus nach.
- Suchen Sie nach »neuen« Pflanzen sowohl für Ihr Gemüsebeet als auch für Ihre Küche, dann probieren Sie doch mal asiatische Gemüse und die neuen Trendgemüse aus (siehe Seite 94/95 und 96/97).

Gärtnern nach Plan

Wenn Sie beim Pflanzen einige Grundregeln über die Pflanzenabfolge auf den Beeten beachten, werden Sie schon bald gut wachsendes und gesundes Gemüse in Ihrem Küchengarten ernten können.

Fruchtwechsel & Fruchtfolge

Der aufeinander folgende Anbau verschiedener Gemüsearten auf einem Beet über einen längeren Zeitraum hinweg wird als Fruchtfolge bezeichnet. Dabei sollten Sie wissen, dass einige Gemüsearten dem Boden viel Nährstoffe entziehen (Starkzehrer), andere dagegen nur ganz wenig (Schwachzehrer). Mit einer gut geplanten Bepflanzung können Sie dann einen entsprechenden Ausgleich auf dem Beet schaffen. So gehören z. B. die meisten Kräuter zu den Mittel- oder Schwachzehrern und eignen sich zum Nachbau nach stark nährstoffbedürftigen Gemüsen. Sie können sich auch gut die Beete mit richtigen »Nährstoff-Fressern« teilen. So ergänzen sich z. B. genügsamer Dill und stark zehrender Grünkohl hervorragend auf ein und demselben Beet.

Legen Sie einen Pflanzplan für Ihr Beet bzw. Ihren Garten an und schreiben Sie genau auf, was Sie wo gepflanzt haben. Dann können Sie im nächsten Jahr die Fruchtfolge ganz genau festlegen – auf das Gedächtnis ist ja nicht immer 100%ig Verlass. Wo im im letzten Jahr »nährstoffhungriger« Rosenkohl stand, kommen dieses Jahr schwachzehrende Erbsen und Feldsalat hin und umgekehrt. Der Winter ist die beste Zeit, den Anbauplan fürs neue Jahr zu erstellen. Legen Sie fest, welche Gemüse- und Kräuterarten und -sorten Sie kultivieren wollen und auf welchen Beeten die Pflanzen in welcher zeitlichen Abfolge angebaut werden. Mit Hilfe der Tabellen über Stark- und Schwachzehrer und der günstigen Mischkulturnachbarn (siehe Seite 16) können Sie die optimale Pflanzenzusammenstellung für Ihre Gemüsebeete »austüfteln«.

Stark oder schwach zehrend?

Schwachzehrer sind Basilikum, Erbse, Feldsalat, Kresse, Radicchio, Radieschen, Rosmarin, Thymian und Ysop.
Mittelzehrer sind Busch- und Stangenbohnen, Bohnenkraut, Borretsch, Brokkoli, Dill, Endivie, Estragon, Fenchel, Grünkohl, Gurke, Kerbel, Knoblauch, Majoran, Mangold, Frühmöhre, Paprika, Petersilie, Kopf-, Pflück- und Schnittsalat, Salbei, Schnittlauch, Spinat und Zwiebel.
Starkzehrer sind Artischocke, Aubergine, Blumenkohl, Chinakohl, Kohlrabi, Kürbis, Lauch, Liebstöckel, Spätmöhre, Pfefferminze, Rettich, Rosenkohl, Rote Bete, Sellerie, Tomate, Zitronenmelisse und Zucchini.

Gönnen Sie dem Kohl eine Pause!

Aber nicht nur der Nährstoffentzug ist entscheidend für die Anbauplanung im Laufe der Jahre. So wie bei der Mischkultur (siehe Seite 16/17) bestimmte Pflanzenarten nebeneinander nicht gut wachsen, so reagieren manche Pflanzen mit Wuchsdepressionen und deutlichen Ertragsrückgängen, wenn sie im folgenden Jahr oder nur wenige Jahre später wieder auf demselben Beet angebaut werden. Wahrscheinlich wird diese »Unverträglichkeit« von verschiedenen Faktoren ausgelöst, wie Krankheiten, Schädlingen, Pflanzenrückständen im Boden, Wurzelausscheidungen und anderen Stoffwechselprodukten.

Viele Gemüsearten sind sich selbst nicht »grün«, d. h. sie reagieren besonders »allergisch« auf einen Nachbau mit sich selbst oder mit verwandten Arten. So sollte z. B. Brokkoli im Folgejahr nicht wieder auf demselben Beet angepflanzt werden und auch keine verwandten Kohlarten wie Kohlrabi oder Chinakohl. Eine Anbaupause von mindestens 3–4 Jahren an derselben Stelle wäre sinnvoll. Säen Sie in der Zwischenzeit auch mal Ringel- oder Studentenblumen auf den Gemüsebeeten an, dann helfen Sie dem Boden noch besser, sich von einer bestimmten Kultur wieder zu »erholen«.

Welche Gemüse gehören zusammen?

Die im Folgenden aufgeführten großen Familiengruppen, in denen die verschiedenen Gemüsearten untergebracht sind, geben Ihnen Aufschluss über die wichtigsten »Verwandtschaftsverhältnisse« im Küchengarten.

Genügsamer Salat ergänzt sich hervorragend mit hungrigem Kohlrabi und Wirsing, und für viele Kräuter finden sich dazwischen und drum herum noch passende Plätzchen.

Baldriangewächse: Feldsalat.
Doldenblütler: Dill, Knollen- und Gewürzfenchel, Koriander, Liebstöckel, Möhre, Petersilie, Sellerie.
Gänsefußgewächse: Mangold, Rote Rübe, Spinat.
Korbblütler: Artischocke, Eissalat, Endivie, Kopf-, Pflück- und Schnittsalate, Radicchio, Spargelsalat, Topinambur.
Kreuzblütler: Blumenkohl, Brokkoli, Chinakohl, Essbarer Zierkohl, Gartenkresse, Grünkohl, Kohlrabi, Meerrettich, Pak Choi, Radieschen, Rettich, Rosenkohl, Rucola, Senf, Toskanischer Palmkohl.
Kürbisgewächse: Gurke, Kürbis, Melone, Zucchini.
Liliengewächse: Bärlauch, Knoblauch, Knobiflirt, Lauch, Schnittlauch, Zwiebel, Winterheckzwiebel.
Nachtschattengewächse: Andenbeere, Aubergine, Chili, Paprika, Tomate.
Schmetterlingsblütler: Bohnen, Erbsen.

Was wächst wie lange auf dem Beet?

Gemüsearten, die das Beet am längsten beanspruchen, werden als »Hauptfrucht« bezeichnet. »Vorfrüchte« werden im Frühjahr vor der Hauptkultur angebaut, »Nachfrüchte« noch im Spätsommer oder Herbst, wenn die Hauptkultur bereits abgeerntet ist. »Zwischenfrüchte« stehen zusammen mit der Hauptkultur auf dem Beet, sie können zu Anfang der Kultur die noch vorhandenen Lücken füllen, weil sie eine relativ kurze Kulturzeit haben. Denken Sie daher bei der Erstellung Ihres Anbauplanes auch an die verschiedenen Kulturzeiten!

Vorfrucht: Erbsen, Kohlrabi, Kopfsalat, Radischen, Rettich, Spinat.
Hauptfrucht: Blumenkohl, Bohnen, Gurken, Kürbis, Lauch, Möhren, Paprika, Rote Bete, Sellerie, Tomaten, Zucchini, Zwiebeln.
Nachfrucht: Buschbohnen, Chinakohl, Endivie, Feldsalat, Grünkohl, Kohlrabi, Kopfsalat, Radieschen, Rettich, Rosenkohl, Rote Bete, Spinat.
Zwischenfrucht: Feldsalat, Kopfsalat, Lauch, Radieschen, Rettich, Schnittsalat, Spinat.

Nicht alle Gemüse- und Kräuterkulturen vertragen frische Kompostgaben, manche sind sogar regelrecht empfindlich dagegen. Ein Anbau als Nachfrucht löst auch dieses Problem zufrieden stellend.

Auf gute Nachbarschaft!

In der Natur gibt es keine Monokulturen einer einzigen Pflanzenart, und dieses Prinzip hat sich der biologische Pflanzenbau abgeschaut und zunutzen gemacht. In einer artenreichen, vielseitigen Pflanzengemeinschaft begünstigen sich verschiedene Arten gegenseitig im Hinblick auf Wachstum und Gesundheit und schlagen sogar noch die Schädlinge der Nachbarpflanze in die Flucht!

Die Mischung macht's!

Bei der Mischkultur werden daher unterschiedliche Gemüse und Kräuter nebeneinander auf einem Beet oder miteinander in einer Reihe angebaut. Viele dieser günstigen Partner vertreiben durch ihren arteigenen Geruch spezifische Feinde des Nachbarn.

- So fühlen sich beispielsweise Möhrenfliegen vom kräftigen Zwiebelduft abgeschreckt. Die Zwiebelfliege wiederum kann den aromatischen Duft des Möhrenkrauts »nicht riechen«.
- Ganz besonders »verwirrend« wirken auch die starken Aromen vieler Kräuter wie Lavendel, Salbei, Thymian oder Rosmarin auf viele Schädlinge und lenken sie so von ihrer Futterpflanze ab.
- Setzen Sie bitter-streng riechenden Wermut zwischen Schwarze Johannisbeersträucher, um einem Befall mit Johannisbeersäulenrost (Pilzkrankheit) vorzubeugen.
- Basilikum säen oder setzen Sie im Kleingewächshaus zwischen Tomatenpflanzen, dann ist das wärmeliebende Kraut vor Regen und Kälte sicher und kann mit seinem aromatischen Geruch mithelfen, Weiße Fliegen von den Tomaten fern zu halten.
- Kerbelduft empfinden Läuse am Salat eher »unappetitlich«. Machen Sie sich diese Aversion zunutze und säen Sie das zarte grüne Kraut am besten gleich zwischen den jungen Salatpflanzen aus.
- Bohnen und Bohnenkraut, die in der Küche meist auch gemeinsam verwendet werden, pflanzen Sie im Garten am besten auch gleich nebeneinander, denn der stark aromatische Duft des Würzkrautes wirkt abschreckend auf die Schwarze Bohnenlaus.
- Säen Sie Dill zwischen Kohlgewächse, der kräftige Geruch des Doldenblütlers vertreibt Erdflöhe. Außerdem durchzieht der Dill mit seinem feinen Wurzelgeflecht den Boden so intensiv, dass dadurch die Nährstoffaufnahme der Kohlgewächse verbessert und gefördert wird.

Gute und schlechte Nachbarn

Gemüseart	Guter Nachbar	Schlechter Nachbar
Buschbohnen	Bohnenkraut, Kohlrabi, Kohlarten, Erdbeeren, Salat, Rote Bete, Salbei	Zwiebeln, Knoblauch, Lauch, Erbsen, Fenchel
Erbsen	Gurken, Kohlrabi, Kohlarten, Möhren, Fenchel, Salat, Zucchini	Bohnen, Lauch, Tomaten, Zwiebeln
Erdbeeren	Bohnen, Salat, Knoblauch, Zwiebeln	Kohlgewächse
Fenchel	Salbei, Gurken, Erbsen	Tomaten, Bohnen
Kohlgewächse	Salat, Lauch, Bohnen, Erbsen, Sellerie, Spinat, Rote Bete, Tomaten, Salbei, Dill, Koriander	Knoblauch, Zwiebeln, Erdbeeren
Kopfsalat	Buschbohnen, Möhren, Radieschen, Erbsen, Erdbeeren, Gurken, Kohlarten, Kohlrabi, Lauch, Tomaten, Pfefferminze, Kerbel, Kresse, Dill	Petersilie, Sellerie
Lauch	Möhren, Sellerie, Tomaten	Bohnen, Erbsen, Rote Bete
Mangold	Möhren, Kohlarten, Kohlrabi, Rettich	Rote Bete
Möhren	Lauch, Salat, Schnittlauch, Zwiebeln, Knoblauch, Pfefferminze, Salbei	Rote Bete
Petersilie	Studentenblume (Tagetes)	Kopfsalat
Radieschen/Rettich	Bohnen, Möhren, Kopfsalat	Gurken
Sellerie	Buschbohnen, Kohlrabi, Lauch	Kopfsalat
Tomaten	Buschbohnen, Möhren, Kohlrabi, Sellerie, Lauch, Spinat, Basilikum, Pfefferminze, Petersilie	Erbsen, Fenchel
Zwiebeln	Gurken, Möhren, Salat, Dill, Erdbeeren	Buschbohnen, Erbsen, Kohlarten

Hier wachsen Gemüsearten nebeneinander, die sich besonders »grün« sind, und die Studentenblumen sorgen zusätzlich für eine gute Bodengesundheit.

- Auch Spinat erleichtert – wahrscheinlich durch bestimmte Wurzelausscheidungen – benachbarten und nachfolgenden Gewächsen die Aufnahme von Nährstoffen aus dem Boden, weshalb er bei verschiedenen Mischkultursystemen sogar als Gründüngung angebaut wird.
- Die keimtötenden Inhaltsstoffe von Knoblauch und Zwiebel haben eine gute vorbeugende Wirkung gegen Pilzinfektionen. Zwischen Erdbeerpflanzen gesetzt, können sie diese vor einem Befall mit verschiedenen Schimmelpilzen schützen.

Mischkultur hilft Platz sparen

Mit günstigen Mischkultur-Kombinationen, die wechselseitig verschiedene Schädlinge vertreiben, gelingt es Ihnen außerdem ganz leicht, den vorhandenen Platz auf den Beeten nahezu optimal auszunutzen. Vor allem, wenn Sie nur einen kleinen Garten Ihr Eigen nennen, werden Sie diesen Aspekt sehr schnell schätzen.

- So beanspruchen z. B. schmale Lauchpflanzen nur wenig Platz in der Breite, weshalb sie gut zwischen die ausladenden Sträucher der Tomate gesetzt werden können.
- Auch schnell und langsam wachsende Gemüsearten ergänzen sich hervorragend. Während die schnellere Kultur heranwächst, braucht die langsamere noch nicht viel Standraum. Ist dies dann nach einigen Wochen doch der Fall, ist die andere Gemüseart schon geerntet. Kombinieren Sie z. B. frühe Blumenkohlsorten, die eine relativ kurze Vegetationszeit haben, mit langsam wachsendem Sellerie, dann haben Sie eine ideale Kombination!

»Pflanzliches Miteinander«

Die Mischung verschiedener Gemüse- und Kräuterarten auf einem Beet ist auch optisch durchaus reizvoll.

- Breitblättrige Arten wachsen neben schmallaubigen, aufrechte Gestalten neben niedrigen und breiten.
- Auch unterschiedliche Wuchseigenschaften – flach oder tief wurzelnd, stark oder schwach zehrend – bilden ein harmonisches Miteinander und beeinflussen sich gegenseitig günstig.
- Selbst Wurzelausscheidungen oder ätherische Öle spielen eine Rolle im pflanzlichen Miteinander. So kann jede Einzelpflanze die für sie geeignete »Nische« finden.

Leckeres Obst aus eigenem Anbau

»Köstliche Früchtchen« werden Sie schon bald ernten, wenn Sie sich für die Pflanzung von Obstgehölzen entschieden haben. Neben den verschiedenen Gemüsearten, die in erster Linie doch als reine Nutzpflanzen anzusehen sind, bereichern Obstgehölze den Garten auch in ihrer Eigenschaft als Zierpflanzen. Dieser Aspekt kommt vor allem im Frühjahr zur Geltung: Apfel-, Kirsch- und Pfirsichblüte liefern Jahr für Jahr ein wunderbares Schauspiel, das Sie sicher schon bald nicht mehr im Garten missen möchten.
Beerensträucher finden selbst im kleinsten Gärtchen, auf Balkon oder Terrasse in Kästen und Kübeln noch Platz, und bei Kindern sind sie als süßes »Naschobst« besonders beliebt. Auch locken gerade Obstgehölze oft ein reges Tierleben in den Garten: Bienen, Hummeln, Schwebfliegen, Schmetterlinge, Singvögel, Igel und Eichhörnchen sind willkommene Besucher bei großen und kleinen Gartenliebhabern und helfen zudem oft auch noch bei der Bekämpfung lästiger Schädlinge.

Gut gepflegt wächst besser

»So ein Baum wächst doch eigentlich von selbst und braucht nicht viel Pflege«, sagt man sich, sieht man die Bäume in der Natur an. Doch wer gesundes Obst ernten und auf chemischen Pflanzenschutz weitgehend verzichten möchte, kann mit der richtigen Pflege viel erreichen.

- In lockeren, luftigen Kronen trocknen Laub und Früchte nach Regen schneller ab und bieten Pilzkrankheiten weniger Angriffsmöglichkeiten. Gleichzeitig werden die Früchte rundum besonnt und können gleichmäßig ausreifen.
- Alljährlich im Herbst werden die ansonsten geliebten Obstbäume bei vielen Gartenbesitzern zum Ärgernis: Als eifrige Produzenten von Falllaub! Dabei liefert das Laub von gesunden Obstbäumen wunderbares Kompostmaterial und somit preiswerten Dünger! Oder geben Sie es als Mulch auf Baumscheiben, Heckenstreifen und abgeräumte Gemüsebeete (Ausnahme: Walnusslaub).
- Schließlich müssen Sie für Obstbäume auch einen gewissen Arbeits- und Zeitaufwand für regelmäßig anfallende Schnittmaßnahmen einplanen. Den Pflanzschnitt macht Ihnen meist beim Kauf der Gärtner in der Baumschule; soll Ihr Baum aber gut und reichlich tragen, muss er weiterhin fachgerecht geschnitten werden. Falls Sie nicht gerade einen ambitionierten »Baum-Gärtner« in Ihrem Bekanntenkreis haben, besuchen Sie am besten (mehrmals!) einen Obstbaumschnittkurs, um sich vom Fachmann in die Geheimnisse der »Obstbaumschneiderei« einweihen zu lassen. Solche Kurse werden oft von Vereinen und Verbänden angeboten, manchmal auch von Baumschulen und Gärtnereien.

Kein Platz für Obstbäume?

Wenn Sie nur einen kleinen Garten haben, aber dennoch nicht auf frische Äpfel oder Birnen verzichten möchten, dann pflanzen Sie doch eine kleinwüchsige Halbstamm-Sorte, Spalierobst oder einen »Ballerina«-Baum. Einige Apfelsorten (fragen Sie in der Baumschule nach) eignen sich sehr gut zur Erziehung als frei stehende Spaliere, sie könnten also Hecken ersetzen oder als Unterteilungen dienen (siehe Seite 27). Die etwas wärmebedürftigeren Birnen, Kirschen oder Aprikosen ziehen Sie am besten als Spalierobst im Schutz einer Mauer oder Wand.

Expertentipp

Es gibt auch viele Obstbaumsorten, die sogar im Kübel gut gedeihen und ausreichend Früchte ansetzen.

Für Beeren ist immer Platz da

Beerensträucher sind oft mit wenig Standraum zufrieden, außerdem nicht sehr pflegeaufwändig und meist anspruchslos. Sie lassen sich leichter und schneller beernten als große Obstbäume, und ihre Früchte sind eine willkommene Zwischendurch-Nascherei in so mancher Gartenarbeitspause. Johannis- und Stachelbeeren bekommen Sie im Fachhandel sowohl als Sträucher als auch als Hochstämmchen. Nutzen Sie Beerensträucher als Hecke oder Begrenzung an einem Zaun entlang oder pflanzen Sie Hochstämmchen als hübschen Blickfang in die Mitte von Beeten und Rabatten. In Pflanztrögen und Kübeln sorgen sie auf Balkon und Terrasse für Sichtschutz und liefern obendrein schmackhafte Früchtchen.

Obst als Hausbegrünung

Mit einigen Kiwipflanzen (Sie brauchen mindestens zwei, da Kiwis männliche und weibliche Blüten auf verschiedenen Pflanzen tragen) oder einer Weinrebe in klimatisch günstigen Gegenden können Sie eine Mauer, Hauswand oder Pergola ansprechend begrünen und ernten zudem leckere Früchte.
Wählen Sie als Standort möglichst windgeschützte SO- und SW-Wände. Setzen Sie die Kletterer mindestens 20 cm von Wänden und Mauern entfernt ein und geben Sie ihnen ein Latten- oder Holzgerüst, an dem sie emporranken können.
Durch einen regelmäßigen fachgerechten Schnitt sorgen Sie dafür, dass die Kletterer einerseits üppig Früchte tragen und Ihnen andererseits nicht über den Kopf wachsen!

Auf die Sorte kommt es an

Nehmen Sie sich bei der Auswahl von Obstgehölzen ausreichend Zeit für die Vorabplanung – schließlich sind Obstbäume und Beerensträucher wesentlich langlebiger als andere Gartenkulturen und können mit einer Lebensdauer von mehreren Jahren oder gar Jahrzehnten aufwarten. Häufiges Umpflanzen bekommt ihnen nicht, und zudem hat auch die Anschaffung ihren Preis.
Wählen Sie also den Platz für Ihren Obstbaum sorgfältig aus und berücksichtigen Sie auch sein Wachstum in den folgenden Jahren. Passt ein großer Hochstamm in Ihren Garten, oder soll's doch lieber ein Halbstamm oder ein Ballerina-Baum sein? Oder wollen Sie eine Hecke oder eine Wandbegrünung aus Spalierobst ziehen? Steht der Obstbaum auch nicht zu nah am Haus oder an den Gemüsebeeten, wo er spätestens nach 4–5 Jahren zu viel Schatten wirft?
Ist die Frage der Baumgröße geklärt, haben Sie noch immer die Qual der Wahl: Das Sortiment an Obstsorten ist nahezu unüberschaubar. Verschaffen Sie sich in einer Baumschule, anhand von Katalogen oder im Internet erst einmal einen groben Überblick. Einzelne Sorten unterscheiden sich teilweise sehr stark in Bezug auf ihre Boden- und Temperaturansprüche, Wüchsigkeit, Reifezeit, Lagerfähigkeit, Anfälligkeit gegenüber Schädlingen und Krankheiten. Holen Sie sich am besten in einer Baumschule vor Ort fachlichen Rat und lassen Sie sich regional bewährte Sorten empfehlen.

Die Unterlage macht's!

Fällt ein Apfelkern in fruchtbare Erde, kann daraus ein Apfelbäumchen heranwachsen. Die meisten Obstbäume in unseren Gärten sind allerdings nicht so entstanden. Sie bestehen aus einer Unterlage (Wurzelbildner) und einer Edelsorte. Das »künstliche« Zusammenbringen von Unterlage und Edelsorte heißt Veredlung (im Bild Veredlungsstelle). Sie wird mit verschiedenen Techniken in der Baumschule ausgeführt. Viele Edelsorten würden auf eigener Wurzel nur schwach und kümmerlich wachsen. Außerdem beeinflusst die Unterlage die Wuchsstärke des Baumes.
Ob Spalier, Halb- oder Hochstamm – alles eine Frage der Unterlage!

Wann trägt mein Baum die ersten Früchte?

Auch die Lebensdauer eines Obstgehölzes wird von der Veredlungsunterlage bzw. der Wuchsform bestimmt. Je starkwüchsiger, umso langlebiger, und umgekehrt. Ein Hochstamm kann also durchaus einige Jahrzehnte überdauern, ein Buschbaum hingegen ist oft schon nach einigen Jahren »erschöpft«. Gewissermaßen als »Ausgleich« beginnt bei niedrigen Baumformen die Ertragsphase deutlich früher: Von einem Apfel-Buschbaum ernten Sie wahrscheinlich schon nach 1–2 Jahren die ersten Äpfel, wohingegen Sie bei einem Hochstamm schon mal 5–6 Jahre Wartezeit in Kauf nehmen müssen.

Die richtige Sorte am richtigen Platz

Nicht jede Obstart oder -sorte gedeiht in jedem Garten. Obwohl moderne Sorten bereits um ein Vielfaches widerstandsfähiger gegen Krankheiten, Kälteeinwirkung und unzureichende Bodenverhältnisse sind, müssen Sie dennoch die regionalen Verhältnisse und die Bodenbeschaffenheit berücksichtigen. So gedeihen knackige Süßkirschen eben schlecht in schweren Lehmböden, edle Birnen brauchen viel Wärme, um zu schmelzender Süße heranzureifen, und ein Walnussbaum braucht viel Platz.

Pollenspender gefragt

Viele Obstarten bzw. -sorten sind selbstunfruchtbar, das heißt, sie brauchen zur Bestäubung und anschließenden Fruchtbildung den Pollen einer anderen Sorte. Dieser »Pollenspender« kann theoretisch auch in Nachbars Garten stehen, wichtig ist nur, dass es sich um eine passende Befruchtersorte handelt, die auch zum selben Zeitpunkt blüht. Auch viele Beerenobstarten bringen mehr Ertrag, wenn Sie verschiedene Sorten pflanzen.

Expertentipp

Ist Ihre Lieblingssorte selbstunfruchtbar, dann kaufen Sie gleich die passende Befruchtersorte dazu.

Obst zum Naschen, Verarbeiten, Lagern

Wenn Sie sich für eine Sorte entschieden haben, erkundigen Sie sich vor dem Kauf unbedingt nochmals genau, ob sie am geplanten Standort auch zufrieden stellend gedeihen kann, suchen Sie gegebenenfalls nach widerstandsfähigeren Alternativen. Berücksichtigen Sie auf jeden Fall auch die Reifezeit, wenn Sie mehrere Bäume oder Sträucher pflanzen wollen: Wählen Sie Sorten nach Reifezeit gestaffelt aus und mischen Sie Frischverzehr-Sorten mit Lagersorten, dann werden Sie nicht von einer »Obstschwemme« überrollt.

Einen Küchengarten anlegen

Ausgangspunkt vor Ort, wenn Sie mit der Anlage Ihres Küchengartens beginnen, ist immer der vorhandene Gartenboden und die Möglichkeiten, ihn zu verbessern.
Sie werden sehen: Arbeiten wie beispielsweise das Ausbringen von Mulch und Gründüngung und die Kompostbereitung, die im Moment vielleicht lästig und unnötig erscheinen, helfen Ihnen im Nachhinein beim Einsparen von Zeit und Geld.

Ganz egal, ob Sie einen kompletten Gemüse- und Obstgarten anlegen wollen, nur einzelne Beete oder gar nur einen Topfgarten, die Frage nach dem Zeitaufwand, dem richtigen Standort und der Aufteilung und Bepflanzung stellt sich in allen drei Fällen.

Wie viel Zeit wollen Sie investieren?

Je größer die Anlage, desto mehr Zeit müssen Sie natürlich in Pflegearbeiten investieren. Besondere Beetformen wie z. B. Hügel- oder Hochbeet sind in der Anlage zwar zeitaufwändiger und arbeitsintensiver, doch kommt Ihnen diese »Investition« später zu Gute, wenn Sie weitere Pflegearbeiten leichter ausführen können.

Für jeden Standort die passende Sorte

Auch wenn Sie sich mit Leib und Seele dem Gärtnern verschreiben, so können Sie doch nur anbauen, wozu der Boden und die klimatischen Verhältnisse in Ihrer Gegend sich eignen. Die große Sortenvielfalt und entsprechende Kulturmaßnahmen helfen Ihnen, für fast jeden Standort das Passende zu finden. Für sehr wärmebedürftige Gemüsearten lohnt sich – vor allem in klimatisch ungünstigen Gegenden – die Anschaffung von Folie oder Vlies oder sogar eines Kleingewächshauses.

Der beste Platz im Garten fürs Gemüsebeet?

Gemüse und Kräuter sollten immer einen besonders sonnigen, warmen und geschützten Platz erhalten. Manchmal ist es eine Gewissensfrage, ob Sie an solch bevorzugten Stellen im Garten wirklich ein Nutzpflanzenbeet oder nicht lieber doch einen Sitzplatz oder einen Wassergarten anlegen. Im Zweifelsfalle beschränken Sie sich auf Kräuter, die sich gut in Stauden- und Terrassenbeete integrieren lassen, und ziehen Sommergemüse und Salat auf einem Platz sparenden und sich selbst erwärmenden Hochbeet.

Pflanzen selbst aussäen oder kaufen?

Gerade im Frühjahr verlockt das nahezu überquellende Angebot an Jungpflanzen, Containerware und Sämereien in Gartencentern und Gärtnereien dazu, oft zu viel oder unbedacht oder genau das Falsche zu kaufen. Dann erweisen sich die Tomatenpflanzen als ausgerechnet diejenige Sorte, die nicht die gewünschten Resistenzen aufweist, aus dem »geplanten« Lagerapfel ist leider eine Frühsorte geworden, und die 20er-Multitopfplatte mit kleinen Salatpflänzchen liefert für den Single-Haushalt zuviel der grünen Köpfe.
Gehen Sie planvoll an den Pflanzenkauf heran und lassen Sie sich nicht von preiswerten Angeboten verführen.

Pflanzen aus der (Samen-)Tüte

Gemüse, Salate oder Kräuter selbst aus Samen anzuziehen ist eine preiswerte, aber nicht immer ganze einfache und relativ zeitaufwändige Sache. Sie ist dann lohnenswert, wenn es sich um leicht keimende Samen handelt, die direkt ins Freie ausgesät und nicht mehr verpflanzt werden, oder um Pflanzen, von denen Sie auf jeden Fall eine größere Menge an Exemplaren benötigen, wie z. B. Bohnen und Erbsen. Auch wer – vielleicht sogar im Kleingewächshaus – Tomaten, Paprika, Gurken und Auberginen in größeren Mengen von mindestens 10–15 Pflanzen anbaut, für den rentiert sich der Griff zur Samentüte. Sorten mit besonderen Merkmalen (groß-, klein-, buntfrüchtig) oder speziellen Resistenzen bekommen Sie sowieso meist leichter als Samen denn als Jungpflanzen zu kaufen. Auch bei Möhren, Spinat, Kresse, Feldsalat und anderen Blatt- und Kopfsalaten ist die Aussaat die Methode der Wahl, weil Sie von diesen Pflanzen meist eine ganze Menge brauchen, sei es für eine einmalige Aussaat oder für mehrere aufeinander folgende Saaten im Laufe einer Saison.

Pilliertes Saatgut – wozu?

Saatgut von Gemüsepflanzen wird heute oftmals in besonders aufbereiteter Form angeboten. Praktisch ist z. B. pilliertes Saatgut, bei dem die Samen von einer Hüllmasse in Form von gleichmäßig großen Pillen umgeben sind. Beim Kontakt mit Feuchtigkeit löst die Hüllmasse sich auf und gibt die Samen frei. Pilliertes Saatgut ist zwar meist deutlich teurer als normales, vereinfacht aber gerade bei sehr feinen und kleinen Samen die Aussaat enorm. Außerdem erreichen Sie dadurch auch eine verbesserte Qualität der geernteten Pflanzen.
Insbesondere bei Radieschen, Rettich, Möhren, Salat und Kohl lohnt sich ein Versuch mit den cleveren Saatpillen!

Einjährige Kräuter aussäen

Bei den Kräutern sind es in der Regel die Einjährigen, von denen Sie so große Mengen benötigen, dass sich eine Aussaat empfiehlt. Wenn allerdings die ausgesäte Petersilie zum wiederholten Male schlecht aufläuft, dann ärgern Sie sich nicht darüber – vielen Küchengärtnern ergeht es ähnlich! –, sondern kaufen und setzen stattdessen im nächsten Frühjahr bereits vorgezogenen Jungpflänzchen.
Manche Pflanzen, wie Borretsch, Dill oder Ringelblumen versamen sich bei günstigen Bedingungen sogar von selbst in Ihrem Garten, und Sie können sich den weiteren Kauf von Saatgut sparen. Auch einzelne Kopf- oder Pflücksalatpflanzen, die nicht geerntet werden, sondern so lange auf dem Beet stehen bleiben, bis sie blühen, eignen sich als Saatgutlieferanten. Ebenso Tomatenfrüchte, deren Kerne herausgenommen und getrocknet werden.
Ernten und verwenden Sie jedoch immer nur Samen von völlig gesunden Pflanzen.

Wann ist es ratsam, Jungpflanzen zu kaufen?

Vorgezogene Jungpflanzen von Gemüse und Salat werden mit Topfballen, in Multitopfplatten, Jiffy-Pots, Torfquelltöpfen, Ton- oder Plastiktöpfen angeboten. Hier lohnt es sich zuzugreifen, wenn es sich dabei um Pflanzen handelt, von denen Ihnen einzelne oder wenige Exemplare genügen, wie z. B. Artischocke, Blumenkohl, Grünkohl, Kürbis oder Zucchini. Auch wenn Sie kein Gewächshaus besitzen und Ihnen die Aussaat am Fensterbrett zu aufwändig ist, ist es besser, diejenigen Gemüsearten, die – zumindest im Frühjahr – nicht direkt ins Freie gesät werden können, als vorkultivierte Jungpflanzen zu erwerben.

Im Frühjahr bieten Gärtnereien und Gartencenter ein riesiges Sortiment an vorgezogenen Jungpflanzen an. Überlegen Sie rechtzeitig, was Sie kaufen wollen und welche Pflanzen Sie lieber selbst heranziehen.

Kräuter lieber selbst vermehren?

Kräuter in Töpfen können Sie fast das ganze Jahr über kaufen. Im zeitigen Frühjahr handelt es sich bei dem Sortiment der Gartencenter oft um angetriebene Ware, die für ein Auspflanzen im Garten eigentlich nicht genügend abgehärtet ist. Spät im Herbst sind die angebotenen Topfkräuter oft schon überständig und wachsen im Beet nicht mehr so gut an. Überlegen Sie also gut, ob der Kauf von Topfpflanzen sich wirklich lohnt.
Ausdauernde Kräuter wachsen meist über Jahre hinweg zuverlässig am passenden Standort, so dass Sie von diesen Pflanzen wahrscheinlich nur einzelne oder einige wenige Exemplare kaufen müssen und dann erst einmal ausgesorgt haben. Von Ihren Lieblingskräutern, die Sie besonders üppig verwenden wollen, können Sie außerdem meist ganz leicht selbst Jungpflanzen aus Stecklingen heranziehen oder große Exemplare teilen (siehe Seite 53) und sich so weitere Ausgaben sparen. Stoßen Sie beim Stöbern auf Gartenmärkten oder in Spezialgärtnereien allerdings auf besondere und selten angebotene Sorten, sollten Sie ruhig zugreifen – sonst ärgern Sie sich später, weil Sie genau »diesen« speziellen hellrosafarben blühenden Lavendel nachher nirgends mehr bekommen!

Wurzelware oder Obst aus dem Container?

Obstgehölze können Sie im Herbst und Frühjahr als Wurzelware kaufen, d. h., die Pflanzen wurden in der Baumschule bereits gerodet und sind mit den blanken Wurzeln meist zum Schutz vor Austrocknung locker in Erde eingeschlagen. Wenn Sie sie innerhalb der nächsten 24 Stunden einpflanzen (in der Zwischenzeit feucht und kühl halten), sind diese ballenlosen und vergleichsweise preisgünstigeren Obstgehölze ideal.
Mit einem in Jute eingebundenen Erdballen werden meist nur relativ große Gehölze angeboten; wenn Sie einzelne, bereits deutlich größere Solitärobstbäume pflanzen wollen, lohnt sich auch der wesentlich höhere Preis.
Bäume und Sträucher im Container hingegen liegen etwa im mittleren Preisbereich, können fast das ganze Jahr über gepflanzt werden, und auch wenn Sie sich mehrere Tage Zeit lassen bis zur Pflanzung, so ist das kein Problem, denn die Wurzeln sind im Topfballen geschützt.

Guter Boden – kräftige Pflanzen

Das A und O allen Pflanzenwachstums im Garten ist der Boden. Obstbäume, Gemüsepflanzen oder Küchenkräuter – sie alle brauchen als Voraussetzung für ein optimales Pflanzenwachstum eine geeignete Bodenbeschaffenheit. Die meisten Gartenböden sind ein Gemisch aus lehmigen, tonigen und sandigen Anteilen. Abhängig von der jeweils vorherrschenden Komponente, lässt sich der Boden schwer oder leicht bearbeiten, muss viel oder wenig gegossen und gedüngt werden.

Bodenart und Nährstoffe

Die Bodenart richtet sich nach dem Gestein oder Ausgangsmaterial, aus dem sich an einem bestimmten Standort der Boden entwickelt hat. Sie beeinflusst u. a. das Nährstoffangebot, das für die Pflanzen zur Verfügung steht. In sehr leichten Böden werden die Nährstoffe stark ausgewaschen, d. h., Sie düngen zwar, aber die Pflanzen bekommen nur wenig von den Nährstoffen. Andere Bodenarten fixieren die Nährstoffe, so dass sie ebensowenig von den Pflanzen aufgenommen werden können. Grob unterscheidet man drei Typen von Boden: den Sandboden, den Lehmboden und den Tonboden.

- **Sandige Böden** sind locker, durchlässig, gut zu bearbeiten, erwärmen sich schnell, müssen kaum umgegraben werden. Da sie keine hohe Wasserspeicherfähigkeit haben, werden Dünger und Nährstoffe oft schnell ausgewaschen, und die Böden sind daher mager bzw. nährstoffarm. Sandböden eignen sich für viele Kräuter, die magere, warme und trockene Standorte bevorzugen.
- **Lehmige Böden** sind nährstoffreich, leicht feucht, mittelschwer und haben durch ihren Lehmanteil eine gute Wasser- und Nährstoffverfügbarkeit. Sie erwärmen sich relativ leicht und sind meist gut zu bearbeiten. Nach längeren Regenperioden oder ausgesprochen feuchten Wintern brauchen sie zum Abtrocknen allerdings deutlich länger als Sandböden. Lehmböden eignen sich als nahezu ideale Gartenerde gut für den Anbau von Nutzpflanzen.
- **Tonböden und Böden mit hohem Tonanteil** speichern Nährstoffe und Wasser gut, geben beides aber nur schwer an die Pflanzen ab. Sie sind feucht oder nass, im ungünstigsten Fall entsteht Staunässe. Tonböden sind schwer, trocknen im Frühjahr nur langsam ab, und es dauert lange, bis man sie gut bearbeiten kann. Sie erwärmen sich langsam und sind für die Pflanzenwurzeln oft schwer zu durchdringen. Tonböden sind ohne entsprechende Bodenverbesserung kaum für den Anbau von Obst, Gemüse oder Kräutern zu empfehlen.

Wenn Sie nicht wissen, was für einen Boden Sie haben, dann schicken Sie eine Probe davon (in einem gut verschlossenen Glas oder Plastikbeutel verpackt) an eine entsprechende Untersuchungsanstalt in Ihrer Nähe (Adressen siehe Seite 160).

Wie sieht die Bodenstruktur aus?

Unter der Struktur eines Bodens versteht man die Zusammensetzung von feinen und groben Bodenpartikeln und die Stabilität dieses Gefüges. Auch sie beeinflusst das Pflanzenwachstum. Um die Struktur Ihres Bodens beurteilen zu können, reicht ein einfacher Test:
Nehmen Sie eine Hand voll feuchten Boden und drücken Sie ihn in der Handfläche zusammen. Bei einer guten Struktur hält die Erde locker zusammen. Fällt die Probe auseinander, dann haben Sie einen sehr leichten Boden. Verbessern Sie diesen durch die Zugabe von grobem, organischem Material wie z. B. Kompost, lehmige Erde und

Die Schlämmprobe

Mit dieser einfachen Methode gelingt es Ihnen ganz schnell, eine grobe Einschätzung Ihres Gartenbodens hinsichtlich der Bodenart und des Humusgehalts zu treffen. Sie brauchen ein großes Schraubglas, in das Sie etwas Erde hineingeben und das Sie mit Wasser auffüllen. Dann verschließen Sie es fest und schütteln das Ganze kräftig. Bei sandreichem Boden klärt sich das Wasser schnell; der Sand setzt sich bereits nach wenigen Minuten ab. Bei stark tonhaltigem oder sehr lehmigem Boden schweben noch lange feine Tonteilchen im Wasser.
Je dunkler das Wasser ist, desto mehr Humus enthält der aufgeschlämmte Boden.

Die besten Voraussetzungen für üppig wachsendes Gemüse und eine aromatische Kräuterfülle schaffen Sie mit dem geeigneten Boden bzw. seiner richtigen Bearbeitung und Verbesserung.

Steinmehl. Bildet die Probe einen Klumpen, dann ist Ihr Boden sehr schwer. Lockern Sie ihn durch Einarbeiten von Sand, Kalk und kiesigem Material auf.

Umgraben – ja oder nein?

Graben Sie ausreichend lockere oder sehr leichte Böden nicht um, sondern lockern Sie sie nur oberflächlich mit Sauzahn oder Grubber auf. Bei diesen Böden würde ein Umgraben die gute vorhandene Bodenstruktur nur sinnlos zerstören.

Sehr schweren Böden hingegen tut ein Umgraben im Herbst oft gut. Durch die Kälteeinwirkung im Winter entsteht hier nämlich »Frostgare«, d. h., das grobe, feste Gefüge des Bodens wird gelockert, und es entsteht eine feine Krümelstruktur. Bearbeiten Sie schwere Böden jedoch erst, wenn sie genügend abgetrocknet sind.

Wie viel Humusgehalt hat mein Boden?

Nicht nur die Bodenart, sondern auch der Humusgehalt ist ausschlaggebend für die Qualität eines Bodens. Mit Humusgehalt bezeichnet man den Anteil an organischen Bestandteilen im Boden, die den Pflanzen Nährstoffe liefern und die von einem regen Bodenleben (Tiere, Pilze, Mikroorganismen) aufbereitet werden. Sie können mit einfachen Maßnahmen sowohl den Humusgehalt als auch ein intensives Bodenleben fördern:

- Verwenden Sie regelmäßig guten Kompost.
- Bedecken Sie freie Bodenflächen mit organischem Mulchmaterial (siehe Seite 28).
- Säen Sie Gründüngungspflanzen (siehe Seite 28) auf längerfristig freien und unbebauten Pflanzflächen aus.

Wie sauer ist mein Boden?

Der pH-Wert ist eine Maßeinheit für den Säuregrad des Bodens. Er lässt sich mit einfachen Testsets aus der Apotheke leicht messen. Die Skala reicht von 0 (extrem sauer) bis 14 (extrem alkalisch). Die meisten Pflanzen gedeihen bei einem mittleren pH-Wert (5,5–7,5) am besten.

- Einen niedrigen pH-Wert heben Sie durch Kalkgaben (z. B. kohlensaurer Kalk) an.
- Ein hoher pH-Wert lässt sich durch sauer wirkenden Dünger (z. B. Ammoniumsulfat) senken.

So tun Sie etwas für Ihren Boden

Gründüngungspflanzen

- Bienenfreund (*Phacelia*)
- Gelbsenf
- Lupine
- Ringel- oder Studentenblume
- Sommerwicken
- Winterroggen (winterhart)
- Winterwicken (winterhart)

fertige Mischungen

- Alexandrinerklee-Perserklee
- Sperli-Gartenhumus
- Landsberger Gemenge (winterhart)

Breiten Sie eine Mulchschicht oder einen Bewuchs aus Gründüngungspflanzen über Ihre Gartenbeete, wenn Sie ihnen etwas Gutes tun wollen. Denn darunter kann sich optimal ein krümeliger, fruchtbarer Boden entwickeln, und nützliche Bodenlebewesen finden hier beste Lebensbedingungen.

Mulch oder Bewuchs mit Gründüngung schützen den Boden sowohl vor Verschlämmung durch heftige Niederschläge als auch vor starker Austrocknung bei sommerlicher Hitze. Außerdem liefern das organische Mulchmaterial und ganz besonders die Gründüngungspflanzen, nachdem sie abgestorben sind, wertvolle Nährstoffe für die Kulturpflanzen.

Auch die regelmäßige Versorgung mit Kompost und eine dem Boden angepasste Bodenbearbeitung nützen dem Boden, indem sie seine Belüftung, Belebung und Wasserspeicherfähigkeit fördern und verbessern.

Mulchen – gewusst wie

Organisches Pflanzenmaterial, wie z. B. angetrockneter Grasschnitt, samenlose Unkräuter, Heu, Stroh, Laub oder halbverrotteter Kompost, eignen sich gut als schützende Abdeckung des offenen Bodens auf Beeten und anderen Pflanzflächen.

- Rindenmulch sollten Sie höchstens unter Obstgehölzen verwenden, er säuert in der Regel den Boden an.
- Zerkleinern Sie zu langes Mulchmaterial durch Häckseln oder Zerschneiden.
- Lassen Sie Rasenschnittgut erst gut antrocknen, bevor Sie es als Mulch auf die Beete geben, es könnte sonst leicht schimmeln und faulen.
- Mulchen Sie im Normalfall 2 cm bis maximal 5 cm hoch. Wenn Sie allerdings Probleme mit Schnecken oder Wühlmäusen im Garten haben, bringen Sie das Mulchmaterial nur dünn und dafür öfter aus, denn in einer dicken Mulchschicht finden beide Tierarten ausreichend Verstecke und die Schnecken auch guten Schutz vor Trockenheit.
- Erneuern Sie die Mulchschicht regelmäßig, wenn sie den Boden nicht mehr vollständig abdeckt.

Die Mulchschicht unterdrückt unerwünschten Unkrautbewuchs, erhält eine gute Bodenstruktur und eine gleichmäßige Bodenfeuchte, was Ihnen auch Gießwasser spart. Bei bodennahem Obst oder Gemüse wie Erdbeeren, Kürbis oder Zucchini bleibt das Erntegut außerdem auch nach heftigen Regengüssen sauber.

Gründüngung – »Wellness« für den Boden

Gönnen Sie ausgelaugten, schweren oder durch vorangegangene Bautätigkeit stark verdichteten Böden eine »Gründüngungs-Kur«, bevor Sie Gemüse oder Kräuter dort anpflanzen. Dazu säen Sie im Frühjahr (ab April) oder Herbst (bis spätestens August/September) einen Gründünger oder eine handelsübliche Gründüngungsmischung (siehe links) aus, deren Überreste Sie ca. 1/2 Jahr später entweder abhacken und untergraben oder einfach abmähen und entfernen. Der Boden ist nun feinkrümelig, locker und gut belebt, und Sie können die Fläche anschließend bepflanzen.

»Lebenselixier« Kompost

Zur Düngung verteilen Sie den Kompost im Frühjahr (März/April) bzw. kurz nach dem Pflanzen ca. 1–2 cm hoch auf Beeten und Pflanzflächen und arbeiten ihn anschließend flach ein. Um schlechte, d. h. humusarme Böden zu verbessern, gönnen Sie ihnen alle 2–3 Jahre im Winter oder zeitigen Frühjahr nochmals eine Düngung mit Kompost.

Expertentipp

Es dauert – je nach Witterung – etwa 12–15 Monate, bis Sie einen gut verrotteten, reifen Kompost haben.

Gut gelockert ist gut durchlüftet

Für einen »normalen« Gartenboden ist das gelegentliche Auflockern mit einer Grabegabel völlig ausreichend. Stechen Sie im Abstand von ca. 10 cm die Grabegabel immer wieder in den Boden und bewegen sie vor und zurück. Arbeiten Sie sich so streifenweise vor, bis Sie das ganze Beet oder die ganze Pflanzfläche durchgelockert haben. Auf diese Art und Weise schonen Sie die Bodenstruktur und auch das Bodenleben, das bei einer tiefen Bodenbearbeitung meist in Mitleidenschaft gezogen wird.

Geniale Abfallverwertung – Kompost

Mit der Herstellung und Verwendung von Kompost im Küchengarten schlagen Sie gleich zwei Fliegen mit einer Klappe:
1. Sie entsorgen einen Teil vom anfallenden Abfallmaterial.
2. Sie erhalten wertvollen Dünger und erstklassiges Pflanzsubstrat für Ihren Garten – sozusagen zum Nulltarif.
Bei der Entstehung von Kompost verwandeln Boden bewohnende Kleinstlebewesen und Mikroorganismen grobes organisches Material in feinen Humus. Sie müssen nichts weiter dazu tun, als diesen eifrigen Helfern durch möglichst günstige Bedingungen die Zersetzungsarbeit zu erleichtern:

- *Achten Sie darauf, dass der Kompost Kontakt zum lebenden Boden hat.*
- *Legen Sie den Komposthaufen am besten im Schatten an.*
- *Lassen Sie das Material im Sommer nicht austrocknen. Verpassen Sie Ihrem Kompost gelegentlich eine Gießkanne voll Wasser.*
- *Als »Komposstarter« haben sich einige Hand voll Kompost aus einem bereits weitgehend zersetzten Komposthaufen bewährt.*

Kann auf den Kompost:

- alle Gartenabfälle (außer kranke Pflanzenteile!)
- angetrockneter Rasenschnitt
- Baum- und Strauchschnitt
- Herbstlaub
- Holzasche (in Maßen)
- Kaffee- und Teesatz (in Maßen)
- Kleintiermist – kein Katzenstreu!
- Pappe, Papierservietten, in Wasser eingeweichtes Zeitungspapier (in Maßen)
- rohe, pflanzliche Küchenabfälle

1. So legen Sie einen Komposthaufen an

Fällt in Ihrem Garten und Haushalt sehr viel kompostierbares Material an, sind freie Komposthaufen am günstigsten – sie benötigen allerdings genügend Platz und einen abgelegeneren Standort. Für kleinere Gärten sind Kompostsilos die bessere und saubere Lösung. Sie können sie im Fachhandel aus Holz, Draht oder Kunststoff kaufen oder aber nach Ihren Gegebenheiten selbst zusammenbauen. Für Mini-Gärten empfehlen sich geschlossene Thermo- oder Schnellkomposter, die durch eine doppelwandige Konstruktion hervorragend Wärme (und »Duft«) isoliert sind. In ihrem Inneren entstehen dadurch gleichmäßige und hohe Temperaturen (maximal 70 °C), die wiederum eine rasche Kompostierung zur Folge haben. Entscheidend für eine erfolgreiche Zersetzung der Stoffe (»Rotte«) eines jeden Komposthaufens oder -silos ist eine gute Durchmischung des eingebrachten Materials. Vermischen Sie daher nasses Material mit trockenem, grobes mit feinem und grünes mit strohigem. Sie erreichen dadurch im Inneren des Komposthaufens eine weitgehend gleichmäßige Temperatur und eine gute Durchlüftung, auch Fäulnis wird verhindert. Ein richtig angelegter Kompost wird nicht zur Geruchsbelästigung und liefert erdigen, krümeligen Humus. Gönnen Sie Ihrem Kompost in trockenen, heißen Sommermonaten gelegentlich eine Kanne Wasser.

2. Wann muss ich den Kompost umsetzen?

Setzen Sie den Komposthaufen nach 3–6 Monaten bzw. einmal im Jahr um, d. h., schichten Sie auf einen zweiten Haufen oder in ein zweites Silo um. Wie schnell sich das organische Material zersetzt, kann je nach Zusammensetzung und Pflege stark variieren.
Enthält der Kompost sehr viel Laub oder Grasschnitt, können Sie durch die Zugabe von Algenkalk, kohlensaurem Kalk oder Gesteinsmehl die Verrottung verbessern. Werden viele strohige und holzige Bestandteile kompostiert, intensivieren Horn-, Knochen- und Blutmehl oder Kalkstickstoff die Zersetzung.

3. Wann ist der Kompost »reif«?

Reifer Kompost, in dem grobes organisches Material weitgehend zersetzt ist, der angenehm erdig riecht, dunkelbraun und krümelig ist, entsteht je nach Rotteverlauf nach 15 Monaten bis 3 Jahren. Dann sollte er allerdings auch verbraucht werden. Je länger Reifekompost liegt, umso mehr seiner Nährstoffe werden wieder abgebaut und umso schwächer wird seine Düngewirkung.

Expertentipp

Guter Kompost wirkt nicht nur als Dünger, er verbessert auch die Belebung und Struktur des Bodens.

4. Wie verwende ich reifen Kompost?

Wollen Sie den fertigen Kompost zur Blumen- oder Pflanzerde geben, sollten Sie ihn vorher durch ein Sieb werfen, um grobe Stücke zu entfernen. Wird er zur Bodenverbesserung auf Beeten verwendet oder ist bereits stark zersetzt, ist ein Durchsieben nicht unbedingt nötig. Reifer Kompost wird auf Beeten und Pflanzflächen ca. 1 cm hoch ausgebracht und mit Sauzahn oder Grubber flach eingearbeitet. Mit halbfertigem oder so genanntem Rohkompost (nach ca. 1 Jahr) auf Baumscheiben tun Sie Ihren Obstbäumen etwas Gutes.

Gemüse auf dem Hügel

Das benötigen Sie

- Holzabfälle, Äste, Zweige, Strauchschnitt
- Rasensoden (mit den Wurzeln nach oben aufschichten
- Laub (oder Stroh)
- halbverrotteter und fertiger Kompost

Diese Zeit brauchen Sie

- **Aufschichten:** 4–5 Stunden
- **Bepflanzen:** 1–2 Stunden

Der richtige Zeitpunkt

Herbst oder zeitiges Frühjahr

Eine originelle Gestaltungsidee und gleichzeitig ein wahrer »Wachstum-Turbo« für Gemüse und Salate ist ein Hügelbeet.

Ein solches Beet eignet sich auch ganz hervorragend für eine Bepflanzung nach dem Prinzip der Mischkultur (siehe Seite 16/17) und lässt sich damit vielfältig und abwechslungsreich gestalten. Insbesondere Frühgemüse oder ausgesprochen wärmebedürftige Gemüsearten, wie z. B. Tomaten und Paprika, fühlen sich an einem Platz in der Beetmitte ganz oben auf dem von unten erwärmten Hügel besonders wohl.

Achten Sie darauf, möglichst schnell eine »geschlossene« Pflanzung zu erreichen, d.h., es sollten keine großen Bodenflächen unbedeckt sein, weil sonst bei Regen leicht zu viel Erde abgeschwermmt wird. Die stetige Nährstoffnachlieferung aus dem verrottenden Material im Inneren lässt ohne weiteres eine mehrmalige Bepflanzung in einem Jahr zu.

1. So beginnen Sie mit der Anlage eines Hügelbeetes

Die Neuanlage eines solchen aufgewölbten Beetes mit in mehreren Lagen übereinander geschichtetem »Innenleben« macht zwar zunächst zusätzliche Arbeit, ist aber eine praktische Möglichkeit, in kleinen und v. a. schmalen Gärten ausreichend Pflanzfläche für verschiedene Gemüse zu bekommen. Besonders bei kühler, regenreicher Witterung macht sich ein weiterer Vorteil eines Hügelbeetes bezahlt: Ähnlich wie beim Komposthaufen entsteht in seinem Inneren durch die Verrottung des pflanzlichen Materials Wärme, die die Pflanzen schneller wachsen lässt. Durch die verschiedenen Schichten kann bei starken Regenfällen auch Wasser gut ablaufen, und es entsteht keine Staunässe. Auf einem Hügelbeet wachsen die Pflanzen daher besonders gut und schnell.

- Suchen Sie sich einen möglichst ebenen und sonnigen Platz im Garten für die Anlage eines Hügelbeetes aus.

- Das Beet sollte ca. 1,40 m breit sein; die Länge können Sie beliebig wählen – je nachdem, wie viel Platz Ihnen zur Verfügung steht.
- Messen Sie zuerst die Grundfläche aus und markieren sie mit Pflanzschnüren und Holzpflöcken.
- Heben Sie entlang dieser Markierung nun den Boden etwa 25 cm tief aus.
- Lagern Sie die ausgehobene Erde zur späteren Verwendung am besten gleich neben der Beetfläche.

2. So schichten Sie das Material im Inneren auf

Füllen Sie zunächst eine 10–20 cm hohe Schicht Laub in die ausgehobene Grundfläche. Darauf geben Sie eine ebenso hohe Lage Holzabfälle. Am besten verwenden Sie hierfür Schnittgut vom Hecken- und Strauchschnitt (keine Nadelgehölze!). Zerkleinern Sie das Material so weit, dass es sich gut und nicht zu locker aufschichten lässt. Darauf schichten Sie nun eine weitere 10–20 cm dicke Lage Laub, die Sie schließlich mit den für die Grundfläche ausgestochenen Rasensoden abdecken. Zum Schluss folgt noch eine Schicht von halbverrottetem Kompost, ebenfalls ca. 10–20 cm stark.

3. So wird aus dem Haufen ein Hügel

Schließlich vermischen Sie die anfangs ausgehobene und seitlich deponierte Erde zur Hälfte mit fertigem Reifekompost und decken das Ganze 30–40 cm hoch mit diesem Erde-Kompost-Gemisch ab.
Der fertige »Hügel« soll in etwa eine Gesamthöhe von 80–100 cm haben. Damit Sie ihn anschließend gut bepflanzen können, glätten Sie die letzte Schicht mit Schaufel oder Spaten und Rechen, bis Sie ringsum eine ebene Pflanzfläche erhalten. Durch die laufende Zersetzung des Materials sackt das Beet allerdings jedes Jahr etwas ab und wird mit Kompost aufgefüllt. Nach 5–6 Jahren sollten Sie das Beet neu anlegen.

4. So bepflanzen Sie ein Hügelbeet

Da durch die verschiedenen Schichten auf einem Hügelbeet immer für einen guten Wasserabzug gesorgt ist, wachsen Staunässe empfindliche Pflanzen hier besonders gut (z. B. Petersilie, Möhren, Rettiche und Salatarten).
An den schräg abfallenden Seiten des Hügelbeetes tun Sie sich mit Aussaaten oft etwas schwer, da die Samen beim Gießen leicht heruntergewemmt werden oder aber vertrocknen. Setzen Sie hier vorgezogene Jungpflanzen und wählen Sie für Aussaaten den abgeflachten Hügel»kamm« oder den Fuß der seitlichen »Hänge«.

Quadratisch, praktisch, gut: das Hochbeet

Ein Hochbeet bietet Ihnen auf wenig Grundfläche viel Platz zum Pflanzen, und Sie machen sich auch noch weitere Vorteile zunutze:
So entfällt beim Pflanzen, Jäten oder Ernten das lästige Bücken, da die Kulturfläche in praktischer Höhe liegt. Außerdem entsteht durch die Zersetzung der verschiedenen Materialschichten im Inneren des Beetes Wärme, die die Pflanzen schneller erntereif werden lässt, weshalb Sie vom Hochbeet früher ernten können als von herkömmlichen Gemüsebeeten!
Durch das viele organische Material im Inneren sind Hochbeete besonders fruchtbar und können daher im Laufe eines Gartenjahres mehrmals bepflanzt werden.
Kleine Hochbeete, auf denen sie selbst pflanzen und ernten dürfen, eignen sich auch gut für Kinder, die das Pflanzenwachstum dann auf Augenhöhe ver-folgen können.

Das benötigen Sie

- Kompostanlage aus Holz zum Selbstbau (im Gartencenter oder Baumarkt erhältlich)
- ggf. rostfreie Gewindestangen und passende Muttern
- evtl. feines Drahtgeflecht als Mäuseschutz

Diese Zeit brauchen Sie

- **Umrandung:** 1–2 Tage
- **Aufschichten:** 4–5 Stunden

Der richtige Zeitpunkt

Herbst oder zeitiges Frühjahr

1. Dieses Beet fällt nicht aus dem Rahmen

Der günstige Zeitpunkt, ein Hochbeet anzulegen, ist im Herbst (September/Oktober) oder Frühjahr (April/Mai). Der Standort sollte möglichst sonnig gelegen sein. Stechen Sie zuerst eventuelle Grassoden ab und lagern Sie sie an der Seite. Ebnen Sie die Fläche grob ein und achten Sie darauf, dass der Untergrund nicht zu stark verfestigt oder verdichtet ist. Als einfaches und günstiges Baumaterial für die Umrandung können Sie Bretter oder starke Latten verwenden. Ganz einfach geht es mit fertig vorbereiteten Kompostanlagen (siehe Bild). Wenn Sie für die Seitenwände Bretter verwenden, können Sie darauf auch einen Maschendraht festnageln, an dem Sie später eine attraktive Begrünung aus Rank- oder Kletterpflanzen wachsen lassen können.

2. Die Umrandung fürs Hochbeet bauen

Damit sich die ganze Arbeit des Aufbauens und Aufschichtens auch lohnt, konzipieren Sie Ihr Hochbeet nicht zu klein und achten Sie darauf, dass es nach Möglichkeit von allen Seiten zugänglich ist.
Eine Breite von etwa 1, 20 m, eine Mindestlänge von 2 m und eine Höhe von ca. 80 cm haben sich in der Praxis sehr gut bewährt.
Markieren Sie die Grundfläche und heben dort den Boden ca. 25 cm tief aus. Dann bauen Sie die Seitenwände aus Brettern oder Rundhölzern drum herum und stabilisieren sie mit Palisaden oder starken Rundhölzern oder mit quer durchgeführten Gewindestangen.
Bei Wühlmausgefahr bauen Sie vor dem Aufschichten des weiteren Materials ein feinmaschiges Drahtgeflecht am Boden des Beetes ein.

3. Schicht für Schicht – das Innenleben eines Hochbeetes

Füllen Sie zuerst eine 10–20 cm hohe Laubschicht in die ausgehobene Grundfläche. Geben Sie darauf eine ebenso hohe Lage Holzabfälle, Hecken- oder Strauchschnitt. Zerkleinern Sie lange Äste und sperrige Zweige so weit, dass sie sich bequem aufschichten lassen (keine Nadelhözer verwenden, sie »säuern« den Boden an). Nun fahren Sie fort und schichten eine weitere Lage Laub von 10–20 cm auf das bereits bestehende »Grundgerüst« und decken dieses mit den für die Grundfläche ausgestochenen Rasensoden ab.

Expertentipp

Hochbeete sind ideale Pflanzflächen für gehbehinderte Gartenliebhaber und Rollstuhlfahrer.

4. Der Deckel obendrauf: Erde-Kompost-Gemisch

Auf die Schichten aus Laub, Holzabfällen und Rasensoden kommt nun eine 10–20 cm dicke Schicht von halbverrottetem Kompost.
Vermischen Sie nun die anfangs ausgehobene und seitlich deponierte Erde zur Hälfte mit fertigem Reifekompost und decken das Ganze 30–40 cm hoch mit diesem Erde-Kompost-Gemisch ab.
Drücken Sie alle Schichten gut an, damit eine möglichst ebene Pflanzfläche entsteht, die nicht an einzelnen Stellen einsinkt oder nachgibt. Bedenken Sie, dass das Hochbeet durch die Zersetzung jedes Jahr etwas zusammensinkt und dann wieder mit Kompost aufgefüllt wird. Nach 5–6 Jahren werden Sie das Beet neu anlegen müssen.

5. Das Hochbeet bepflanzen – nicht bloß einmal im Jahr!

Auf dem Hochbeet wachsen die Salat- und Gemüsekulturen besonders schnell, weshalb es auch meist mehrmals im Jahr bepflanzt und beerntet werden kann. Im Frühsommer können Sie z. B. Salat und Lauch auf den praktischen Beeten anbauen und vielleicht noch einige leuchtende Ringelblumen dazwischensetzen.
Als Erstbepflanzung eignen sich auch Möhren, Radieschen, Mangold, Schnittsalat und Dill.
Die Kulturzeit der Gemüsearten ist im Vergleich mit herkömmlichen Beeten in der Regel um etwa 7–10 Tage kürzer.
Gießen Sie die Pflanzen gut an, da gerade am Anfang das Wasser auf den frisch aufgeschichteten Beeten oft schnell abläuft.

Einfach und effektiv – die Plastiktüte als Gewächshaus

Für kleinere Aussaaten am möglichst hellen und warmen Fensterbrett reichen schon ein Blumentopf und eine Plastiktüte. Stecken Sie 3–4 Holzstäbchen in den Topf, ziehen Sie die Plastiktüte darüber und befestigen Sie sie mit einem Gummiband. Die Tüte muss Luftlöcher haben, damit kein Schwitzwasser entsteht, das Fäulnis- und Schimmelbildung auslösen kann. Wenn die Samen ausgekeimt haben und die Keimlinge etwas gewachsen sind, entfernen Sie die Plastikhaube.
Auch für die Bewurzelung von Kräuterstecklingen ist die »gespannte Luft«, die unter der Tüte entsteht, ideal.

Gut »behütet«

Der Fachhandel bietet fertige Pflanzhütchen aus Kunststoff an, die Sie vielfältig und praktisch einsetzen können. Sie sind mit einer Lüftungsöffnung versehen und wirken durch das nur teilweise durchsichtige Material bei starker Sonneneinstrahlung auch gleich schattierend. Haben Sie im zeitigen Frühjahr einige erste Salatpflänzchen gesetzt, finden diese unter den Pflanzhütchen optimale Bedingungen. Auch wenn einzelnen, besonders kälteempfindlichen Jungpflanzen (z. B. Bohnen) kalte Spätfrostnächte drohen, bieten diese Hütchen einen wirkungsvollen Schutz – sie können kurzfristig aufgestellt und wieder entfernt werden.

Diese Folie wächst mit

Unter Loch- oder Schlitzfolien können Sie im Frühjahr z. B. Kopf- und Schnittsalat, Radieschen oder Rettich bis zu 3 Wochen früher ernten. Die Löcher oder Schlitze ermöglichen einen guten Luft- und Feuchtigkeitsaustausch, zudem dehnt sich die Schlitz- oder mitwachsende Folie beim Wachstum der Pflanzen zu einem tunnelartigen Dach aus, so dass auch stark wachsendes Gemüse nicht beengt wird. Legen Sie die Folien locker auf und fixieren Sie sie an den Rändern mit Brettern oder Steinen. Wenn die Pflanzen erntereif sind, nehmen Sie die Folie ab, am besten an einem bedeckten Tag, damit die Pflanzen sich an die »frische Luft« gewöhnen.

Mulchen mit Folie

Mulchen sorgt für optimalen Wasserhaushalt im Boden und eine gleichmäßige Bodenerwärmung, fördert das Bodenleben und unterdrückt Unkraut. Haben Sie kein organisches Mulchmaterial zur Verfügung, können Sie auch eine Mulchfolie aus dunklem Kunststoffmaterial verwenden. Vor allem sehr Wärme liebende Gemüsearten, wie z. B. Auberginen, Gurken, Knollenfenchel, Paprika oder Zucchini, aber auch Erdbeeren, sind für die konstante Bodenwärme, die unter der schwarzen Folie entsteht, ausgesprochen dankbar. Mulchfolie gibt es ungelocht oder bereits mit Kreuzschnitten versehen, in die Sie dann die Pflanzen einsetzen können.

So verfrühen Sie die Erntezeit

Tomaten unter der Haube

Tomaten werden bei Anbau im Freien oftmals von Kraut- und Braunfäule oder anderen Pilzkrankheiten befallen. Einen Schutz bei regnerischem Wetter und in kühlen, feuchten Nächten bieten gelochte Folienhauben. Achten Sie jedoch darauf, dass sich unter ihnen kein Schwitzwasser, Staunässe oder Feuchtigkeit bilden, und nehmen Sie die Hauben bei gutem Wetter wieder ab. Vor allem während der Blütezeit der Tomaten sollten die Hauben tagsüber und bei schönem Wetter abgenommen werden, weil sonst den bestäubenden Insekten der Zugang zu den Blüten versperrt wird und sich aus unbestäubten Blüten keine Früchte entwickeln können!

Gemüse mit Tunnelblick

Eine praktische und wandelbare »Wärmestube« für Salat und Gemüse ist der Folientunnel. Über gebogene Metallstäbe wird eine PE-Folie oder Lochfolie gezogen und seitlich befestigt – fertig! Folientunnel sind schnell auf- und abgebaut. Zum Lüften und Ernten können Sie die Folie an den Seiten einfach hochschieben. Stellen Sie den Tunnel am besten in Ost-West-Richtung verlaufend auf, damit er auch bei starkem Wind nicht »abhebt«. Bei ausreichender Lüftung (unbedingt notwendig!) kann der Tunnel sogar bis zur Ernte über den Kulturen bleiben.

Das Frühbeet – preiswertes Mini-Gewächshaus

Bereits ab Mitte Februar, wenn's im Freiland noch zu kalt ist, können Sie in einem Frühbeet erste knackige Salate ziehen, im Spätherbst und Winter – sogar bei Schnee – frischen Feldsalat ernten. Wenn keine Wintersalate ihr Quartier im Frühbeet beziehen, dann nutzen Sie es doch im Herbst als Einschlag für Lagergemüse. Mit dem Gießen können Sie im Frühbeet meist sparsam sein, da die Erde dort eine gute und dauerhafte Feuchte entwickelt. Lüften Sie jedoch unbedingt regelmäßig und häufig!
Ein Frühbeet können Sie entweder selbst bauen oder im Fachhandel in verschiedenen Größen und Ausführungen kaufen.

Das Kleingewächshaus – die kostspielige Variante

Der Fachhandel bietet Gewächshäuser in den verschiedensten Größen und Ausstattungen an, fachgerecht aufgestellt oder zum Selbstbau – alles eine Frage des Geldbeutels. Wenn Sie jedoch ein Fan von mediterranem Gemüse sind oder fast das ganze Jahr über frischen Salat, Gemüse oder Kräuter ernten wollen, zudem noch den passende Platz im Garten haben, dann bietet sich ein Gewächshaus an. Ein Gewächshaus bietet auch im zeitigen Frühjahr ideale Bedingungen zur Pflanzenvermehrung und Jungpflanzenanzucht. Die erwärmte und mit Feuchtigkeit gesättigte Luft, wie sie unter Glas entsteht, bietet beste Wachstumsbedingungen.

Richtig pflanzen & pflegen

Nach der Anlage der ersten Beete und Pflanzflächen geht's ans Pflanzen von Bäumen und Sträuchern, Gemüse, Salat und Kräutern. Mit dem richtigen Know-how beim Gießen und Düngen und einigen grundlegenden Tipps aus dem »Gärtner-Einmaleins« gelingt selbst Garten-Neulingen der Einstieg in die Küchengarten-Pflege ganz leicht. Wenn Sie dann auch beim Ernten und Lagern auf richtige Zeitpunkte und passende Maßnahmen achten, können Sie nach Herzenslust die wohlverdienten Früchte Ihrer Arbeit genießen!

Nach der sachgerechten Pflanzung brauchen Obst, Gemüse und Kräuter einige Pflegemaßnahmen – die einen mehr, die anderen weniger.
Gießen – in den warmen Monaten eine der Hauptaufgaben des Küchengärtners – scheint ganz einfach zu sein: Hahn auf – Wasser marsch! Mit der Düngung sieht's da schon anders aus. Wie viel düngen? Womit? Wann? Muss man überhaupt düngen?
Hier gibt es auf den folgenden Seiten zahlreiche Anleitungen und Tipps, die Ihnen helfen, damit es in Ihrem Küchengarten üppig wächst und prächtig gedeiht.

Bäume und Sträucher schneiden – etwas für Profis?

Den Pflanzschnitt an jungen Obstbäumen und Beerensträuchern sollten Sie gleich beim Kauf noch in der Baumschule machen lassen. Fachgerecht gepflanzt und versorgt, haben die Gehölze die besten Chancen, in Ihrem Garten gut anzuwachsen und zu gedeihen. Zumindest in den ersten Jahren sind weitere Schnittmaßnahmen unbedingt erforderlich, wenn Sie reichlich gesundes Obst ernten wollen. Am besten besuchen Sie (mehrmals!) einen Obstbaumschnittkurs, um sich vom Fachmann in die Geheimnisse des Obstbaumschnittes einweihen zu lassen.

Was tun gegen Blattlaus & Co.?

Die Zeiten, in denen jeder Hausgärtner beim Anblick der ersten Blattlaus die chemische Keule ausgefahren hat, sind vorbei. Hohe Schadstoffbelastungen in unserer Umwelt haben einen Umdenkprozess in Gang gesetzt. Lernen Sie die Vielzahl der Nützlinge im Garten kennen und schätzen. Greifen Sie schon vorbeugend zu Pflanzenbrühen, Kohlkragen und Gemüseschutznetzen und schaffen Sie bereits von Anfang an den Pflanzen zuträgliche Bedingungen, dann können Ihre Kinder und Sie auch bedenkenlos Beeren und Gemüse frisch aus dem Garten naschen.

Wann und wie viel gießen und düngen?

Wenn Sie das Gießen und Düngen richtig im Griff haben und einige Grundregeln beachten, sind Ihnen die ersten Erfolge in Ihrem Küchengarten bereits sicher.

Wasser marsch!

Halten Sie sich beim Gießen an folgende Faustregeln:

- Bei guter Bodenstruktur, wie sie durch regelmäßiges Hacken oder Mulchen entsteht, brauchen Sie weniger Gießwasser, bzw. das Wasser wird von den Pflanzen besser aufgenommen. Nicht umsonst heißt es: »Einmal gehackt ist zweimal gegossen!«.
- Gießen Sie wenn irgend möglich in den kühlen Morgenstunden. Abends ginge das natürlich auch, aber wenn Boden und Pflanzen über Nacht feucht sind, lockt das vermehrt Schnecken und Schadpilze an.
- Wässern Sie gezielt auf den Boden um die einzelnen Pflanzen herum, anstatt den ganzen Bestand großflächig zu überbrausen. Sie sparen Wasser und vermeiden das Benetzen von Blättern und Blüten, was zur leichteren Ausbreitung von Pilzkrankheiten führen kann.
- Gießen Sie gründlich und durchdringend, damit auch tiefere Bodenschichten gut durchfeuchtet sind.
- Haben Sie die Möglichkeit zum Auffangen und Sammeln von Regenwasser, so nutzen Sie diese. Leicht abgestandenes Regenwasser ist eine sinnvolle und sparsame Alternative zum Wasser aus der Leitung.
- Schütten Sie bei Topfpflanzen überschüssiges Wasser, das sich im Untersetzer sammelt, nach einer halben Stunde wieder ab. So beugen Sie Staunässe und Wurzelfäulnis wirkungsvoll vor.
- Welk herabhängende Blätter sind bei Topfkräutern und -gemüse ein ernst zu nehmendes Alarmsignal für akuten Wassermangel. Bildet sich bereits ein deutlicher Spalt zwischen Topf und Wurzelballen, wird die Erde rissig und ist der Topf beim Anheben auffallend leicht, dann sollten Sie schnellstens reagieren! Stellen Sie als wirkungsvolle Sofortmaßnahme kleinere Gefäße in einen mit Wasser gefüllten Eimer und drücken ihn so lange unter Wasser, bis keine Luftblasen mehr aufsteigen.
- Wässern Sie frisch gepflanzte Obstbäume und -sträucher möglichst intensiv, bis sie zuverlässig angewachsen sind. Auch in heißen Sommermonaten sind die Gehölze für eine gelegentliche Wassergabe dankbar.

Maßvoll düngen

Alle Grünpflanzen benötigen zum Wachsen und zur Ausbildung von Samen und Früchten verschiedene Nährstoffe in einem ausgewogenen Verhältnis.
Zu den wichtigsten Pflanzennährstoffen gehören Stickstoff (N), Phosphor (P), Calcium oder Kalk (Ca) und Magnesium (Mg). Außerdem werden auch noch so genannte Spurennährstoffe wie Eisen (Fe), Kupfer (Cu), Zink (Zn) oder Bor (B) benötigt – allerdings nur in geringen Mengen.
Am passenden Naturstandort finden die Pflanzen meist ausreichend Nährstoffe, um ihr Überleben zu sichern. Im Gegensatz zu einem Pflanzenbestand in der freien Natur ist ein Garten jedoch eine intensiv genutzte Fläche. In relativ kurzer Zeit wollen Sie dort möglichst große Mengen gesunden und üppigen Gemüses oder Obstes ernten. Durch die Ernte wiederum werden dem natürlichen Kreislauf organische Substanz und Nährstoffe entzogen. Diese müssen über eine gezielte Düngung nachgeliefert werden, sonst kümmern die Pflanzen, und die Erträge gehen im Laufe der Jahre deutlich zurück.

Bewässern mit »System«

Eine Tropfschlauchbewässerung, die mit einem automatischen Steuersystem gekoppelt wird, übernimmt im Zeitalter der Computer die Bewässerung Ihres Küchengartens. Vor allem in der Urlaubszeit können Sie damit den Pflanzen über »Durststrecken« hinweghelfen.
Wer sich eine vollautomatische, computergesteuerte Bewässerungsanlage anschafft, sollte jedoch ein gewisses Faible für die Chip-Technologie aufbringen, da trotz Regensensor Gießzeit und Wassermenge vorprogrammiert werden müssen. Kaufen Sie auf jeden Fall alle Teile Ihres Bewässerungssystems von derselben Firma, damit auch alles zusammenpasst.

So schön kann eine Mischung aus Salaten, Blumen und Kräutern auf einem Beet aussehen. Mit der entsprechenden Pflege, dem richtigen Dünger und ausreichendem Gießen haben Sie lange viel Freude daran.

Die entsprechenden Nährstoffe sind sowohl in anorganischen (mineralischen) als auch in organischen Düngemitteln enthalten.

- **Organische Dünger** sind natürlichen Ursprungs. Dazu gehören z. B. Stallmist, Kompost, pflanzliches Mulchmaterial, Gründüngung, pflanzliche Düngejauchen und Fertigprodukte wie Horn-, Knochen- oder Blutmehl oder Guano. Ihre Wirkung setzt langsam ein, hält aber über einen längeren Zeitraum an.
- **Anorganische (mineralische) Dünger** werden chemisch hergestellt. Bei den im Fachhandel erhältlichen Düngern handelt es sich meist um Mehrnährstoffdünger, die die Hauptnährstoffe in einem ausgewogenen und genau festgelegten Verhältnis enthalten. Sie sind salz- bzw. chloridfrei und auch für salzempfindliche Kulturen wie Auberginen, Bohnen und viele Beerensträucher geeignet.

Die goldenen Düngeregeln!

- Düngen Sie nur an leicht bedeckten Tagen und auf feuchten Boden, damit an Blättern oder Wurzeln keine »Verbrennungen« durch Düngersalze entstehen.
- Versorgen Sie Ihre Pflanzen maximal bis Mitte/Ende August mit Dünger, danach ist Schluss! Einzige Ausnahme: Enthält Ihr Gartenboden zu wenig Kalium oder Kalk, dann geben Sie diesen als Vorratsdüngung im Herbst.
- Ermitteln Sie den möglichen Kalkbedarf mit Hilfe eines einfachen pH-Wert- oder Säuregrad-Tests.
- Beachten Sie stets die Angaben und Dosierungsanweisungen auf der Düngerpackung.
- Probieren Sie einmal die organischen kalibetonten Spezialdünger mit Langzeitwirkung aus, die es z. B. für Kürbisse, Paprika, Tomaten oder Zucchini gibt. Sie werden staunen, wie Geschmack, Süße und Lagerfähigkeit Ihres Gemüses zunehmen.
- Auch für Beerensträucher und Obstbäume sind im Handel organische kalibetonte Mehrnährstoffdünger erhältlich, die für kräftige Fruchtbildung, höheren Ertrag und besseren Geschmack sorgen.
- Versuchen Sie, durch den Einsatz von Kompost, Mulch, Gründüngung und anderen organischen Düngemitteln möglichst wenig Mineraldünger zu verwenden – das schont Ihren Geldbeutel und die Umwelt!

Gemüse und Kräuter vorziehen

Die Anzucht von Jungpflanzen am Fensterbrett oder im Gewächshaus ist bei frühen Gemüsen und Salaten, bei ausgesprochen langsam wachsenden Kulturen und bei besonders wärmebedürftigen Gemüsearten sinnvoll. Auch bei Kulturen, deren Samen erfahrungsgemäß auf dem Beet nur schlecht auflaufen, lohnt sich ein Versuch am warmen Fensterbrett.
Überprüfen Sie vor der Aussaat das Alter angebrochener Samentütchen. Gemüsesaatgut ist meist nicht lange lagerfähig und soll schnell aufgebraucht bzw. immer wieder frisch gekauft werden. Auf den Samentütchen ist außerdem meist angegeben, ob es sich bei der entsprechenden Kultur um Licht- oder Dunkelkeimer handelt, d. h., ob Sie die Samen mit Erde abdecken müssen (Dunkelkeimer) oder nicht (Lichtkeimer).

Das benötigen Sie

- Saatgut
- Anzuchtschalen, kleine Töpfe
- Torfquelltöpfe oder Jiffy-Pots
- durchsichtige Plastikhauben oder Glasscheiben
- Wasserauffangschalen
- Aussaaterde, Pikiererde
- Küchensieb (zum Übersieben feiner Samen)
- Holzbrettchen (zum Andrücken der Saat)
- Pikierholz
- Wasserzerstäuber oder Gießkanne mit feiner Brause
- Etiketten, wasserfester Stift

Aussaat auf dem Fensterbrett

Sie können eine ganze Menge an Gemüse- und Kräuterpflänzchen auf dem Fensterbrett heranziehen – ein sonniges und helles Südfenster ist die ideale »Anzuchtstation«.
Als Aussaatgefäße eignen sich Töpfe und Schalen aus Ton oder Kunststoff, Holz- oder Styroporkistchen, ja sogar Joghurtbecher und Eisbehälter, wenn Sie für guten Wasserabfluss sorgen. Verwenden Sie zur Abdeckung Glasscheiben oder durchsichtige Plastikhauben. Säen Sie nach den Angaben auf der Samentüte in Anzuchterde aus, drücken Sie die Samen leicht an und befeuchten Sie das Substrat vorsichtig mit einem Zerstäuber. Sobald ein Großteil der Samen gekeimt ist, müssen Sie für eine Belüftung der Saaten sorgen. Machen Sie einige Löcher in die Plastikhaube oder legen Sie Holzstäbchen unter die Glasscheibe.

Professioneller sind natürlich »Zimmer-Gewächshäuser«, d. h. Anzuchtschalen aus Plastik mit einer passenden Abdeckung aus durchsichtigem Kunststoff.
Sobald die kleine Sämlinge zu kompakten, kräftigen Pflanzen herangewachsen sind und sich im Topf oder in der Saatschale schon bald gegenseitig beengen, müssen Sie die Pflänzchen vereinzeln (pikieren). Zu dicht stehende, »langbeinige« Jungpflanzen sind kein gutes Ausgangsmaterial für wüchsiges und kräftiges Gemüse! Lockern Sie dazu mit einem Holzstäbchen (im Fachhandel gibt es auch so genannte Pikierhölzchen) vorsichtig die Erde rund um jede kleine Pflanze auf und heben Sie sie dann mit möglichst vielen Wurzeln heraus. Die Einzelpflanzen kommen anschließend in Töpfe, Kisten oder schon direkt ins Beet.

Samen in der Scheibe

Für ausgesprochen feines Saatgut, das recht mühsam zu pikieren ist, und für Kräutersamen haben sich die Saatgutfirmen etwas Geniales einfallen lassen: Saatscheiben, die genau in einen mit Erde gefüllten Blumentopf passen. Die Samen liegen schon im richtigen Abstand in ein Vlies eingebettet, das für die verschiedenen Blumentopfgrößen bereits passend zugeschnitten ist. Füllen Sie den Topf mit Anzuchterde, legen Sie die Saatscheibe darauf, feuchten Sie sie gut mit dem Zerstäuber an und decken Sie eine dünne Substratschicht darüber.
Im Vergleich mit Einzelsamen sind diese Scheiben natürlich recht teuer, auf jeden Fall aber einmal einen Versuch wert.

Torfquelltöpfe für große Samen

Für die Aussaat größerer Samen, die auf keinen Fall während der Keimung austrocknen sollten, wie Bohne, Kürbis oder Zucchini, eignen sich Torfquelltöpfe sehr gut. Weichen Sie die flachen Torfscheiben mehrere Stunden in Wasser ein, bis sie zu kleinen Torfballen aufgequollen sind. Hier hinein stecken Sie dann den Samen. Stellen Sie dann die Torfquelltöpfchen in eine flache Schale mit Wasserabzug und halten Sie sie gleichmäßig feucht.
Die Jungpflanzen können Sie dann mitsamt der Töpfe besonders wurzelschonend auspflanzen.

Expertentipp

Torfquelltöpfe erhalten Sie im Fachhandel, oft auch im praktischen Set mit Zimmergewächshäusern.

Wurzelschonend: Jiffy-Pots

Auch so genannte Jiffy-Pots aus Torf und Zellulose eignen sich sehr gut für die Aussaat am Fensterbrett. Füllen Sie die Töpfe bis 1 cm unterhalb des Randes mit Erde und legen die Samen hinein. Stellen Sie die Töpfe dann zusammen in einen Untersatz mit Wasserabzug, geben eine Folien- oder Glasabdeckung darüber und verfahren Sie dann wie bei der Anzucht in normalen Töpfen weiter. Der entscheidende Vorteil der Jiffy-Pots besteht darin, dass die Jungpflanzen beim Auspflanzen nicht aus den Töpfen genommen werden müssen, sondern mitsamt der Töpfchen ins Beet gesetzt werden – der Wurzelballen bleibt ungestört und unbeschädigt.
Am Fensterbrett herangezogene Tomatensämlinge z. B., die Sie in Jiffy-Pots vereinzeln, haben beim Auspflanzen die besten Startchancen!

Direkt ins Freiland säen

Aussaattermine

- **ab Ende Februar:** Möhren und Spinat
- **ab März:** Erbsen, Gartenkresse, Lauch, Radieschen, Rettich und Salat
- **ab April:** Kohl, Kohlrabi, Mangold, Rote Bete sowie die meisten Kräuter
- **ab Mai:** Bohnen, Eissalat, Gurken, Kürbis und Zucchini
- **ab Juni/Juli:** Sommersorten vieler Gemüsearten
- **ab August:** Feldsalat und Spinat

Viele Gemüsearten und die meisten Kräuter können direkt an Ort und Stelle ins Beet gesät werden – ideal für den Garteneinsteiger, da hierbei arbeitsaufwändiges Pikieren und Verpflanzen entfallen. Allerdings müssen Sie das Wetter und den Kalender etwas besser im Blick haben: Kälte empfindliche Kulturen dürfen keinesfalls zu früh ins Freie gesät werden. Als Faustregel gilt hier immer noch die althergebrachte Frist der »Eisheiligen«. Säen Sie also vor allem Wärme liebende Gemüsearten wie Gurken, Tomaten oder Zucchini nicht vor Mitte/Ende Mai ins Freie. Halten Sie für alle Fälle eine Abdeckung bereit, sollten doch noch einmal frostkalte Nächte kommen.
Die Technik des Aussäens gerade von sehr feinem Saatgut will geübt sein, bevor sie Ihnen ganz locker von der Hand geht. Nur Mut, nach einigen »Probeläufen« mit grobem Sand oder feinkörnigem Kies werden Sie auch hierin schnell zum versierten Könner!

In Reih und Glied gesät

Wenn Sie Ihr Gemüse in Reihen aussäen, dann können Sie die später anfallenden Pflegearbeiten wie Hacken und Unkrautzupfen bequem durchführen. Ziehen Sie zunächst mit dem Pflanzholz entlang einer gespannten Schnur eine Rille in das vorbereitete Saatbeet und legen Sie anschließend die Samen mit entsprechendem Abstand (siehe Angaben auf der Samentüte) in die Rille. Sehr feine Samen sollten Sie vorab mit Sand mischen, dann lassen sie sich besser verteilen. Schließen Sie die Rillen anschließend vorsichtig mit dem Rechen und gießen Sie die Saat mit der Brause an.

Gemeinsam sind sie stark

Gemüsearten, die viel Platz benötigen, als Einzelpflanze aber nicht besonders standfest sind, werden nicht einzeln, sondern zu mehreren ausgelegt. Dazu zählen z. B. Busch- und Stangenbohnen, Erbsen oder Gurken.
Stecken Sie jeweils 3–7 Samen an einer Stelle in die Erde, so dass nach dem Auflaufen mehrere Einzelpflänzchen einen »Horst« bilden. Halten Sie zwischen den Horsten die auf den Samentütchen angegebenen Abstände ein, damit sich die Pflanzen nicht gegenseitig behindern, sondern sich nach allen Seiten gut ausbreiten können.

Aus dem Handgelenk gesät

Typisches »Schnittgemüse« wie Feldsalat, Gartenkresse oder Spinat, von dem bei der Ernte größere Mengen abgeschnitten werden, säen Sie am besten breitwürfig aus. Versuchen Sie dabei, die Samen gleichmäßig aus dem Handgelenk auszustreuen, damit die Pflänzchen nachher nicht stellenweise zu dicht stehen.
Sehr feines Saatgut sollten Sie mit Sand vermischen. Rechen Sie nach dem Ausstreuen die Saat leicht in den Boden ein und drücken Sie sie mit dem Rechenrücken oder einem Holzbrett an. Feuchten Sie die Aussaat dann mit der Brause gut an.

Samen am laufenden Band

Eine wunderbar gleichmäßig auflaufende Saat ohne mühsames Pikieren liefern Saatbänder. Die Samen liegen im passenden Abstand in einem Band aus Spezialpapier, das direkt in die Pflanzrille gelegt, dünn mit Erde bedeckt und gut gewässert wird. Diese Methode ist vor allem für Kulturen geeignet, die recht mühsam zu pikieren sind, wie z. B. Möhren oder Lauch.

Expertentipp

Gießen Sie alle frischen Saaten mit einer feinen Brause, damit die Erde nicht verkrustet und das Saatgut genügend Luft bekommt.

Steckzwiebeln nicht zu tief setzen

Vor dem Zwiebelstecken sollten Sie den Boden gut lockern. Drücken Sie dann die Zwiebelchen so in den Boden, dass die Triebspitze noch herausschaut. Manchmal machen sich die Zwiebelchen selbständig und »springen« wieder aus dem Boden. Sie sollten Ihr Zwiebelbeet also noch 2–3 Tage gut im Auge behalten und eventuelle »Springer« wieder in den Boden drücken. Steckzwiebeln brauchen zum Anwachsen auch Feuchtigkeit. Halten Sie sie aber keineswegs zu nass – sie faulen sonst.

Tomaten – des Gärtners liebstes Kind

Das ganze Jahr über werden Tomaten aus verschiedensten Herkunftsländern in den Supermarktregalen angeboten. Es geht aber trotzdem nichts über den Geschmack und die Frische einer selbst angebauten Tomate!
Selbst Gartenbesitzer, die wenig Lust haben, Gemüse im Garten anzubauen, haben dennoch häufig irgendwo an einem sonnigen Plätzchen ein paar Tomatenpflanzen stehen. Und sei's in Töpfen oder Kübeln, für die sich kompakt wachsende und klein bleibende Buschtomaten besonders gut eignen. Vielleicht ist die Tomate aus dem eigenen Garten oder vom eigenen Balkon auch deshalb so beliebt, weil selbst ansonsten eher »gemüsekritisch« eingestellte Sprösslinge sehr gerne Kirsch- oder Cocktailtomaten naschen – am besten direkt vom Strauch!

Das benötigen Sie

- Tomatenstützen aus Holz, Bambus, Kunststoff oder Metall
- Bast oder Sisalschnüre
- Tomatendünger
- Tomatenhauben

Der richtige Zeitpunkt

pflanzen: ins Freie erst nach den »Eisheiligen«
stäben: kontinuierlich
ausgeizen: kontinuierlich
gießen: gut feucht halten
düngen: alle 3–4 Wochen

Tomaten richtig pflanzen

Wählen Sie für Ihre Tomatenpflanzen den sonnigsten und wärmsten Platz in Ihrem Küchengarten aus. Optimal ist auch ein Standort im Kübel an südlich gelegenen Haus- und Mauerwänden.
Lockern Sie den Boden vor dem Pflanzen gut auf und mischen Sie am besten reifen Kompost unter, um eine gute Nährstoffversorgung zu sichern. Gepflanzt wird in einem Abstand von 50 x 80 cm. Das Pflanzloch muss so groß sein, dass der Wurzelballen der Jungpflanze locker hineinpasst. Je tiefer Sie die Pflanze setzen, umso mehr Seitenwurzeln bilden sich.

Expertentipp

Tomaten sind Tiefwurzler und lieben einen humosen und nährstoffreichen Boden.

Tomaten brauchen einen Halt

Ziehen Sie – außer bei Buschtomaten natürlich – nur einen Haupttrieb, der dann zahlreiche große und schmackhafte Früchte ausbildet. Dazu benötigen die Pflanzen eine gute Stütze, an der sie festgebunden und aufgeleitet werden können. Diesen Zweck erfüllen einfache Holz-, starke Bambus- oder auch Kunststoff- oder gewellte Metallstäbe, die Sie im Fachhandel erhalten.
Sie können die Stäbe entweder beim Pflanzen der Tomaten gleich mit ins Pflanzloch »einpflanzen« oder nachträglich neben den Jungpflanzen fest in den Boden stecken.
Verwenden Sie zum Festbinden Bast oder raue Sisalschnüre, keinesfalls Draht, der würde die fleischigen Triebe abschnüren oder sogar verletzen, wenn die Früchte erst einmal schwer an den Trieben hängen.

Wenig Blätter, viel Früchte

Wenn Sie die laufend in den Blattachseln entstehenden Seitentriebe regelmäßig ausbrechen (»ausgeizen«), verhindern Sie, dass sich die Pflanzen zu stark verzweigen und zu viele Nährstoffe in Blattmasse anstatt in Früchte investieren.
Kappen Sie auch die Spitze des Haupttriebes, sobald die ersten Früchte angesetzt werden (Ausnahme: Buschtomaten). Bei Freilandtomaten kommen meist nicht mehr als ca. 5 Blütentriebe zur Ausreife; kneifen Sie deshalb hier alle überzähligen Blütenansätze ab, damit die restlichen umso besser wachsen.
Wenn Sie nach und nach die untersten Blätter bis zu einer Höhe von maximal 40 cm entfernen, wird die Luftzirkulation im Bestand verbessert – Sie beugen einer Infektion mit Pilzkrankheiten vom Boden her vor.

Tomaten gießen & düngen

Tomaten wollen es gut feucht. Achten Sie beim Gießen darauf, dass nur der Boden unter den Tomaten, nicht aber die Blätter nass werden. Den höchsten Wasserbedarf haben Tomaten mit beginnender Fruchtreife. Vermeiden Sie jetzt starke Schwankungen bei der Wasserversorgung, weil die Früchte sonst leicht platzen.
Wenn Sie vor der Pflanzung Kompost ausgebracht haben, genügen während der Wachstumszeit 1–3 Gaben eines handelsüblichen Voll- oder eines speziellen Tomatendüngers. Mitte August bekommen Ihre Tomatenpflanzen die letzte Düngegabe – dann ist Schluss!

Expertentipp

Neben den Pflanzen im Boden gesteckte Blumentöpfe (siehe Bild) sind gute Gießhilfen.

Tomaten brauchen Wärme!

Wenn Sie Tomaten im Freien kultivieren, sollten Sie die sehr wärmebedürftigen Pflanzen vor kalten Temperaturen im Frühjahr schützen. Dazu bieten sich so genannte Tomatenhauben aus PE-Folie an, die Sie im Fachhandel erhalten. Lüften Sie die Hauben immer wieder einmal für ein paar Stunden. Bei einer Dauerabdeckung kommt es leicht zu Schwitzwasserbildung und darauf folgenden Pilzkrankheiten oder bei starker Sonneneinstrahlung sogar zu Verbrennungen der Blätter.
Ab Ende August, wenn die größte Hitze vorbei ist, kommen die Folienhauben nochmals zum Einsatz. Jetzt sorgen sie für eine verstärkte Wärmeentwicklung und lassen so die Früchte an den Tomatenpflanzen früher und besonders gut ausreifen.

So wird aus dem Salat ein Kopf

Der hohe Anteil an Vitaminen und Mineralstoffen, stärkende Bitterstoffe und eine Menge gesundes Blattgrün rechtfertigen die große Beliebtheit von Kopfsalat, Radicchio & Co. Was Salat für Garteneinsteiger und Gartenerfahrene gleichermaßen interessant macht, ist seine kurze Kulturdauer, die Möglichkeiten zur Ernteverfrühung (siehe Seite 36/37), viele Sorten zum Spätsommer- und Herbstanbau sowie ein umfangreiches, oftmals farbenprächtiges Sortiment.
Salat sollte am besten täglich frisch geerntet werden. Pflanzen Sie daher immer nur so viel auf einmal an, wie Sie auch innerhalb von 10–12 Tagen verbrauchen. Auf Grund der ausgesprochen kurzen Kulturzeit von Salat (5–7 Wochen) können Sie durch ein ständiges Nachpflanzen im 2-Wochen-Rhythmus nahezu täglich knackige grüne Köpfe oder schnittfrischen Pflück- und Schnittsalat ernten!

Gute Partner

- Buschbohnen
- Dill
- Erbsen
- Erdbeeren
- Gurken
- Kerbel
- Kohlsorten
- Kohlrabi
- Erbsen
- Lauch
- Möhren
- Radieschen
- Tomaten

Salat – richtig gepflanzt

Da Salat nur wenig Nährstoffe braucht, können Sie ihn gut als Vor-, Zwischen- oder Nachfrucht in Ihren Anbauplan und Ihre Beete integrieren. Auch im Verein mit anderen Gemüsearten nach dem Prinzip der Mischkultur ist Salat ein beliebter Nachbar (siehe »Gute Partner«).
Salat reagiert empfindlich auf eine Überversorgung mit Stickstoff. Die Pflanzen werden dann besonders anfällig für Krankheiten und Schädlinge, und es kommt leicht zu einer Nitratbelastung des Ernteguts. Lassen Sie daher vor dem Pflanzen am besten den Nährstoffgehalt Ihres Bodens untersuchen (Adressen siehe Seite 160).
Salat, der große Köpfe bilden soll, wie z. B. Kopfsalat oder Endivie, braucht ausreichend Standraum auf den Beeten, um zufrieden stellend wachsen zu können. Wenn Sie die Pflanzen in mehreren Reihen nebeneinander setzen, ist der vorhandene Platz v. a. im kleineren Garten schnell ausgeschöpft, und gleichzeitig entstehen unbepflanzte Leerstellen zwischen den einzelnen Köpfen. Hier ist eine Platz sparende Verbandpflanzung (siehe Bild) ideal. Setzen Sie die Pflanzen einer Reihe nicht parallel zur Nachbarreihe, sondern immer versetzt auf die Lücke zwischen zwei Pflanzen, dann bringen Sie auf einem Beet deutlich mehr Salatköpfe unter. Außerdem können Sie auch die freien Flächen innerhalb der Reihen für kurzlebige Kulturen wie z. B. Gartenkresse oder Kerbel optimal nutzen.

Salat will hoch hinaus

Lockern Sie die Erde vor der Pflanzung gut auf und arbeiten Sie oberflächlich eine dünne Schicht (ca. 1 cm) verrotteten Kompost ein. Heben Sie ein kleines Loch, etwas größer als der Wurzel- bzw. Topfballen der Pflanze, aus und setzen diese ein. Salat muss hoch gepflanzt werden! Achten Sie darauf, dass die Keimblätter noch über der Erde stehen und der Wurzelhals nicht in der Erde sitzt. So beugen Sie einem Befall mit Salatfäule vor.
Bei Jungpflanzen mit Topfballen darf ruhig 1/3 des Ballens aus der Erde ragen. Selbst wenn sich einige Pflanzen nach dem Setzen umlegen, schadet das nicht. Eine alte und noch immer aktuelle Gärtnerregel lautet: »Salat muss im Winde wehen.« Schlämmen Sie dann mit der Gießkanne die feinen Wurzeln gut mit Erde ein.

Salat unter Glas und Folie

Wichtig ist ein regelmäßiges Lüften, sowohl im Gewächshaus als auch unter der Folienabdeckung, damit sich kein Schwitzwasser bildet, sonst kann es leicht zu Infektionen durch Schadpilze kommen.
Auf Grund der kurzen Tage und der geringeren Lichtintensität im Herbst und Frühjahr kommt es bei Salat unter Folie oder im Gewächshaus schnell zu einer unerwünschten Anreicherung von Nitrat in den Blättern. Um dies möglichst zu vermeiden, sollten Sie Salat erst nachmittags ernten, dann hat sich das in der nächtlichen Dunkelphase gebildete Nitrat weitgehend abgebaut.

Expertentipp

Salat ist ideal für die erste und letzte Nutzung im Jahr im Gewächshaus, Frühbeet oder unter Folie.

Gießen und gut »behüten«

Da beim Salat die Wurzeln nur verhältnismäßig flach ausgebreitet wachsen, können sie nicht in tiefere und feuchte Bodenschichten vordringen. Sie sind darauf angewiesen, in den oberen Bodenschichten ausreichend Feuchtigkeit vorzufinden. Halten Sie Ihre Salatpflanzen immer gleichmäßig feucht.
Gießen Sie auf die Erde rund um die Pflanzen und möglichst nicht direkt auf oder in die Salatköpfe, da es sonst schnell zu Pilzkrankheiten wie z. B. Salatfäulen kommen kann.
Die ersten Salatkulturen im Frühjahr werden manchmal von kalten Spätfrostnächten bedroht. Eine praktische Lösung bieten hier fertige Pflanzhütchen aus Kunststoff, die bei drohender Frostgefahr einzelne Pflanzen schützen und die leicht und schnell übergestülpt und wieder entfernt werden können.

Gemüse pflanzen & pflegen

Für das erfolgreiche Wachsen und Gedeihen der meisten Gemüsearten sind eine gleichmäßige Bodenfeuchtigkeit und eine gute Bodenstruktur ausschlaggebend. Mit den entsprechenden kulturtechnischen Maßnahmen bekommen Sie diese Faktoren in Ihrem Küchengarten leicht in den Griff. Wenn Sie Ihre Gemüsebeete regelmäßig gießen, hacken, mulchen und von Unkraut frei halten, haben Sie den größten Pflegeanteil bereits bewältigt. Rankende oder hoch wachsende Gemüsearten wie Bohnen und Erbsen oder Topinambur brauchen eine Rankhilfe oder müssen aufgeleitet und angebunden werden. Bei anderen Kulturen wie Lauch und Möhren empfiehlt sich ein Anhäufeln mit Sand oder Erde.

Kletterhilfen

Kletterhilfen für Erbsen:

- Reisig
- zwischen zwei Pfähle gespannter Draht oder Schnur (Abstand ca. 10 cm)
- ca. 80 cm hoher Maschendraht

Kletterhilfen für Bohnen:

- Holzstangen
- Metallstäbe
- gespannte Seile oder Schnüre
- Rankgitter aus Holz oder Metall

Kletterhilfen für Erbsen und Stangenbohnen

Spätestens wenn Erbsenpflänzchen 10 cm hoch sind, brauchen sie eine Hilfe (siehe »Kletterhilfen«), an der die Ranken sich festhalten und nach oben wachsen können, sonst fallen die Triebe auf den Boden und verheddern sich miteinander. Die Erbsenschoten werden schmutzig oder faulen am Boden.
Stangenbohnen benötigen etwa 2 m hohe Kletterhilfen, an denen sie sich emporwinden können. Manche Ranken brauchen gelegentlich etwas Nachhilfe – beachten Sie, dass sich Bohnen entgegen dem Uhrzeigersinn emporranken.

Expertentipp

Sie können Bohnenstangen auch in Form eines Wigwams aufstellen.

Was tun, wenn die Samen zu dicht aufgehen?

Bei der Reihenaussaat von Gemüse kommt es sehr oft vor, dass die aufgehenden Samen viel zu dicht stehen. Damit z. B. aus einer dicht stehenden Reihe langbeiniger Möhren- oder Radieschensämlinge tatsächlich einmal passable Möhren oder Radieschen werden, müssen Sie aktiv eingreifen: Zupfen Sie vorsichtig die überzähligen und zu eng stehenden Sämlinge heraus. Diese Prozedur müssen Sie im Laufe des Wachstums einige Male wiederholen, und zwar so lange, bis die übrigen Pflänzchen ausreichend Platz haben, eine schöne dicke Möhre oder ein kugelrundes Radieschen auszubilden. Beim Herausziehen lockert sich meist die umgebende Erde. Drücken Sie die verbleibenden Pflanzen also wieder etwas im Boden fest, damit sie unbeschadet weiterwachsen können.

So kommen Sie zu dicken, hellen Lauchstangen

Für die Entwicklung dicker und heller Lauchstangen sind Pflanztiefe und Pflanzweite entscheidend. Setzen Sie daher Ihre Lauchpflänzchen am besten in ca. 15 cm tiefe Furchen. Der Abstand der einzelnen Reihen sollte 30–40 cm, der Abstand in der Reihe ca. 15 cm betragen. Häufeln Sie im Verlauf der weiteren Kultur immer wieder lockere Erde an der Stängelbasis der Pflanzen an. Beginnen Sie damit, wenn die Jungpflanzen voll entwickelt sind.
Bei anderen Gemüsearten wie z. B. Möhren wird ein Vergrünen des oberen Teils durch das Anhäufeln verhindert. Tomaten, Gurken, Bohnen oder Kohl bilden durch Anhäufeln mehr Wurzeln in Stängelnähe aus und bekommen dadurch eine bessere Standfestigkeit auf dem Beet.

Sorgen Sie für eine gute Durchlüftung des Bodens

Durch regelmäßiges oberflächliches Hacken verhindern Sie, dass der Boden rissig und hart wird oder nach starken Niederschlägen verschlämmen kann, und sorgen dafür, dass eine gleichmäßige Feuchtigkeit und Durchlüftung des Bodens erhalten bleibt. Verwenden Sie eine leichte Hacke oder einen Grubber.
Achten Sie beim Hacken darauf, dass Sie wirklich nur die oberste Bodenschicht (ca. 2 cm) lockern. Dann werden die nützlichen Bodenlebewesen, die in 10–15 cm Bodentiefe am stärksten vertreten sind, weder gestört noch geschädigt.

Expertentipp

Wenn Sie nicht so viel hacken wollen, dann mulchen Sie möglichst viel unbedeckten Boden.

Die Gießkanne: praktisch und altbewährt

Das Gießen gehört während der Hauptwachstumszeit zur täglichen Arbeit im Küchengarten. Wenn Sie nur einige wenige Beete oder einen kleinen Küchengarten zu versorgen haben, ist nach wie vor das Gießen per Gießkanne die praktischste Methode. Besser als das Wässern des ganzen Bestandes ist ein gezieltes Gießen jeder einzelnen Pflanze, möglichst auf die umgebende Erde und nicht über Blätter und Triebe.
Sollen nährstoffbedürftige Kulturen im Sommer mittels einer »Kopfdüngung« nachgedüngt werden, so greifen Sie auch hier zur altbewährten Gießkanne, um schnell wirksame Mineraldünger, die im Wasser gelöst werden, bedarfsgerecht an die einzelnen Pflanzen auszubringen. Das gilt ebenso für stärkende Pflanzenbrühen und Pflanzenjauchen.

Kräuter pflanzen, pflegen & vermehren

Pflegefahrplan

einpflanzen: von April bis Oktober
aussäen: frostharte Kräuter von März bis August direkt ins Freie
gießen: typische »Sonnenkräuter« nur wenig, Topfkräuter nach Bedarf
düngen: im März/April mit Kompost oder organischem Dünger, im Mai/Juni nährstoffbdedürftige Kräuter mit schnell wirkendem Mineral- oder Flüssigdünger
zurückschneiden: im April kurz vor dem Austrieb, nach der Blüte, krautige Pflanzen bei jeder Ernte
teilen: von April bis Oktober

Das Gros der Kräuter ist recht pflegeleicht. Wenn Sie beim Einpflanzen die nötige Sorgfalt walten lassen und in den darauf folgenden Tagen die Kräuter gut angießen, ist die meiste Arbeit bereits getan.
Viele Kräuter sind auch wahre »Hungerkünstler«, d. h., sie sind mit einem Minimum an Nährstoffen zufrieden, ja, sie benötigen geradezu solch magere Verhältnisse, um sich zu ihrer vollen Pracht zu entfalten! Was sie an ihren kargen Standorten allerdings dringend brauchen, ist möglichst viel Sonne und Wärme.
Haben Sie Ihren Kräutern einen Platz an der Sonne verschafft und sie gedeihen prächtig, dann verschenken Sie doch mal selbst gezogenen Kräuternachwuchs oder umranden Ihre Beete mit duftigen Kräuterhecken! Aus den eigenen Kräuterpflanzen selbst wieder Jungpflanzen zu ziehen ist nicht nur praktisch und spart Geld – es macht vor allem viel Spaß!

Kräuter aus dem Topf richtig pflanzen

Lockern Sie die Erde im Beet mit einer Grabegabel auf und heben Sie ein Pflanzloch aus, das etwas größer als der Topfballen ist.
Wässern Sie in der Zwischenzeit die Topfpflanze (am besten 1/2 Stunde in einen mit Wasser gefüllten Eimer stellen), damit sie sich gut aus dem Topf löst und der Wurzelballen durchfeuchtet ist. Nehmen Sie die Pflanze dann aus dem Topf und lockern Sie stark durchwurzelte Topfballen etwas auf. Setzen Sie die Pflanze so tief ins Pflanzloch, wie sie vorher im Topf stand. Füllen Sie die ausgehobene Erde wieder ein und gießen Sie die Pflanze anschließend mit der Gießkanne ohne Tülle kräftig an.

Kräuter gießen und düngen – wie viel und wie oft?

Die Mehrzahl der Küchenkräuter ist ausgesprochen trockenheitsverträglich. Neben richtigen »Sonnenkindern« wie z. B. Lavendel, Salbei oder Rosmarin, die auch heiße Sommertage unbeschadet überstehen, gibt es die Gruppe der eher »krautig« wachsenden Pflanzen wie Pfefferminze oder Zitronenmelisse. Diese dürfen nicht völlig austrocknen – herabhängende Blätter machen schnell auf Wassermangel aufmerksam. Als Düngung reicht es für fast alle Kräuter aus, wenn Sie den Boden oder die Pflanzerde vor dem Pflanzen mit Kompost anreichern oder einen organischen Langzeitdünger (z. B. Hornspäne) ausbringen.

So bleiben Ihre Kräuter in Form

Alle Kräuter, die im unteren Teil verholzen, gehören zu den Halbsträuchern, die gelegentlich einen Rückschnitt brauchen, um ihre ansprechende Form zu behalten. Hierzu zählen z. B. Lavendel, Mehrjähriges Bohnenkraut, Rosmarin, Salbei, Thymian oder Ysop.
Greifen Sie zur Schere, wenn die Pflanzen nicht mehr kompakt, dicht und buschig aussehen, sondern im unteren Bereich verkahlen und/oder sehr hoch werden. Schneiden Sie am besten alle 2–3 Jahre im März/April, bevor die Pflanzen wieder kräftig austreiben, etwa 1/3 des Strauches zurück.

Aus eins mach zwei – Kräuter teilen

Ausgesprochen »krautig« wachsende Kräuter, wie Liebstöckel, Petersilie, Pfefferminze, Schnittlauch oder Zitronenmelisse, lassen sich ganz leicht »vervielfältigen« – Sie brauchen lediglich einen Spaten oder ein scharfes Gartenmesser! Zerteilen Sie den Wurzelstock in zwei oder mehrere Einzelstücke, die Sie separat wieder einsetzen (gut angießen!). Der günstigste Zeitpunkt zum Teilen ist im Herbst (September/Oktober).

Expertentipp

Wenn es sich um kräftige Exemplare handelt, können Sie die Kräuter auch im April teilen.

Kräuter aus Stecklingen ziehen

Mehrjährige Kräuter können relativ leicht durch Stecklinge vermehrt werden. Verwenden Sie dazu nicht mehr ganz weiche, diesjährige Triebspitzen. Schneiden Sie den Steckling kurz unterhalb eines Blattes oder Blattpaares mit einem scharfen Messer oder der Gartenschere ab. Das abgeschnittene Triebstück sollte mindestens 3–4 Blattpaare haben. Füllen Sie einen Blumen- oder Jiffytopf randvoll mit Anzuchterde, stecken das Triebstück ein und stellen Sie den Topf hell und warm auf. Halten Sie dann die Erde gleichmäßig feucht.

Wintertipps für Kräuter und Gemüse

Im Winter ist die Gartensaison in der Regel beendet. Das stimmt nicht ganz, denn selbst im Winter können Sie noch einige Pflanzen kultivieren und ernten. Von einigen Gemüsearten gibt es Spät- oder Wintersorten, die oft noch bis in den Dezember hinein auf den Beeten stehen und geerntet werden können – insbesondere die Kohlgewächse tun sich hier mit einigen Vertretern hervor.
Auch eine ganze Reihe von Wintersalaten liefert in der kalten Jahreszeit noch herzhaftes Grün.
Einen Winterschutz brauchen nur ausdauernde, aber nicht winterharte Kräuter und winterfeste Kräuter, die auf Balkon und Terrasse in Töpfen kultiviert werden.

Das schützt gegen Kälte

Mulch, Stroh, Laub, Reisig, Holzwolle, Vlies: zum Abdecken empfindlicher Pflanzen auf den Beeten, wie z. B. Artischocke, Currykraut, Französischer Estragon

Reisig, Vlies, Folientunnel: zum Abdecken von Kulturen, die während der Wintermonate noch geerntet werden wie z. B. Feldsalat

Strohmatten, Vlies: zum Einpacken Kälte empfindlicher Topfkräuter, wie z. B. Buntlaubiger Salbei, Französischer Estragon

Noppenfolie, Sackleinen, Styroporkisten: zum Schutz der Topfballen von Balkon- und Terrassenkräutern

Vitaminreicher Winterkohl

Beim Kohl gibt es spezielle Lager- oder Wintersorten, die bis Dezember frisch vom Beet geerntet werden können.
Säen Sie diese Sorten Ende April auf Anzuchtbeete im Freien aus. Setzen Sie die Jungpflanzen dann ab Mitte Mai bis Ende Juni an ihren endgültigen Platz. Insbesondere für Lagerkohl sind schwere Lehmböden mit hohem Humusanteil günstig. Denn eine entsprechende Nährstoffversorgung lässt das Kraut nicht nur kräftig wachsen, sondern wirkt sich auch ganz entscheidend auf die spätere Haltbarkeit und Lagerfähigkeit der Kohlköpfe aus.
Ernten Sie Winterkohl nicht vor Ende Oktober/Anfang November! Leichte Fröste schaden ihm nicht. Ernten Sie aber nicht bei Frost, da gefrorene Krautköpfe stundenlang zum Auftauen brauchen!

Knackiger Feldsalat

Feldsalat, der für die Winterernte vorgesehen ist, wird von Mitte August bis Mitte September direkt aufs Beet ausgesät.
Achten Sie beim Samenkauf darauf, entsprechende Wintersorten auszuwählen. Meist sind es die kompakt und rosettenartig wachsenden mit etwas kleineren Blättern, wie z. B. 'Dunkelgrüner Vollherziger' oder 'Verte de Cambrai/Cavallo'.
Feldsalat gedeiht fast in jeder humosen Gartenerde und ist meist mit den Nährstoffen zufrieden, die von der vorangegangenen Kultur noch im Boden sind. Um die Rosetten vor Kahlfrösten und intensiver Sonneneinstrahlung zu schützen, decken Sie, wenn kein Schnee liegt, das Beet etwa ab Mitte Dezember mit Reisig oder Gärtnervlies ab.

Kräuter in Töpfen überwintern

Bei Kräutern in Töpfen und Kübeln, die draußen überwintern, müssen Sie vor allem den Wurzelballen vor dem Durchfrieren bewahren. Wickeln Sie den Topf in Noppenfolie, Jute oder Strohmatten ein und stellen Sie ihn auf ein Brett oder eine Styroporplatte. Soll die Pflanze selbst auch geschützt werden, umwickeln Sie sie locker mit Gärtnervlies. Denken Sie daran, die Pflanzen gelegentlich etwas zu gießen (vor allem bei intensiver Wintersonne). Nicht ausreichend winterharte Kräuter überwintern Sie am besten in einem hellen, frostfreien (2–8 °C) Raum (siehe Bild).

Expertentipp

Laub abwerfende Pflanzen, wie die Zitronenverbene, dürfen ruhig auch dunkler stehen.

Lauch überwintern

Lauch ist eigentlich eine zweijährige Pflanze, d. h., er ist im Grunde in der Lage, einen Winter zu überdauern, wenn Sie die richtigen Sorten wählen. Ausreichend winterfest sind z. B. 'Alaska', 'Blaugrüner Winter/Eskimo', 'Blaugrüner Winter/Natan'. Sie überstehen normalerweise Minustemperaturen von 15–20 °C gut.
Mit einer guten Reisigabdeckung oder noch besser einem Vlies- oder Folientunnel versehen, können sie dann von Dezember bis in den März/April hinein laufend frisch geerntet werden. Der Boden sollte allerdings nicht gefroren sein, weil die Lauchstangen beim Rausziehen sonst leicht abreißen.
Zum Winter hin ist Lauch übrigens besonders aromatisch, da viele seiner charakteristischen Inhalts- und Geschmacksstoffe dann zunehmen.

Schnittlauch antreiben

Wollen Sie an Weihnachten gern frischen Schnittlauch ernten? Dann graben Sie etwa Mitte September einige zweijährige Pflanzen aus und lagern Sie sie an einem trockenen Platz im Freien, z. B. in einem abgedeckten Frühbeet oder an einer geschützten Stelle unter einem Vordach. Selbst wenn die Pflanzen niedrige Temperaturen und Frost abbekommen oder die Wurzelballen sogar gefrieren – das schadet nicht! Kürzen Sie ab Mitte November die Wurzeln ein, schneiden die vergilbten Blätter ab und stellen die Wurzelballen anschließend ca. 12 Stunden in 35–40 °C warmes Wasser. Topfen Sie die Pflanzen dann ein, stellen Sie sie bei Zimmertemperatur an einen hellen Platz am Fenster und halten Sie sie gleichmäßig feucht. Innerhalb kurzer Zeit treibt appetitlich frisches Schnittlauch-Grün!

Obstbäume pflanzen und pflegen

Pflegefahrplan

Gießen: in den ersten Jahren bei längerer Trockenheit und Hitze

Boden lockern: vor der Pflanzung, sonst nur in den ersten Jahren, am besten im Herbst (mit Grabegabel)

Mulchen: 1–3 cm hoch

Düngen: Kompost 1–2-mal jährlich (max. 10 cm) aufbringen oder organisch/mineralischen Volldünger im März/April flach einarbeiten

Schneiden: in den ersten 5–7 Jahren im Februar/März, danach alle 2–3 Jahre (sortenabhängig)

Obstbäume sind langlebige und nicht ganz billige Pflanzen, die im Laufe der Zeit auch eine nicht unerhebliche Größe erreichen können. Überlegen Sie daher gut, wohin Sie die Bäume platzieren wollen. Bedenken Sie Beschattung, Laubfall und Grenzabstände. Können Sie auch in 10 Jahren noch in die Krone steigen, um saftige Birnen oder knackige Äpfel zu ernten, oder soll's dann doch lieber eine niedrige Sorte oder Spalierobst sein?

Obstbäume, die als Wurzelware mit blanken Wurzeln verkauft werden, beziehen am besten im Herbst oder Frühjahr ihr neues Zuhause. Weil die Bäume dann kein Laub mehr bzw. noch kein Laub tragen, verdunsten sie kaum Wasser und können so die Zeit, bis sich nach dem Pflanzen neue Wurzeln gebildet haben, besser überstehen. Gerade in den ersten Jahren nach der Pflanzung sollten Sie ein Auge auf die jungen Bäume haben. Schützen Sie sie vor Wildverbiss und Sonnenbrand, mulchen Sie auf den Flächen unter den Bäumen, gießen Sie bei länger anhaltender Trockenheit und sorgen Sie dafür, dass die Bäume regelmäßig im Spätwinter (Februar/März) fachgerecht geschnitten werden.

So pflanzen Sie einen Obstbaum

Das Pflanzloch muss so tief sein, dass die Wurzeln darin Platz haben, ohne umgeknickt zu werden, und die Veredlungsstelle etwa 10 cm über dem Boden liegt. Lockern Sie Wände und Untergrund auf, stellen Sie die Pflanze hinein und schlagen Sie einen Stützpfahl möglichst nahe am Stamm etwa 50 cm tief in den Boden. Füllen Sie nun Erde auf und drücken sie gut fest. Am besten schlämmen Sie die Erde zwischendurch immer wieder mit Wasser ein. Formen Sie dann einen Wall um die Pflanzstelle herum – er erleichtert als »Gießrand« das Bewässern. Gießen Sie anschließend nochmals durchdringend, ohne allerdings die Erde wieder auszuspülen.

Unterm Obstbaum blüht es

Setzen Sie Kapuzinerkresse, Ringelblumen, Studentenblumen oder Meerrettich auf die Baumscheiben der Obstbäume, damit der Boden nicht offen liegt und austrocknet oder verschlämmt. Den gleichen Zweck erfüllt zwar auch eine Mulchschicht, aber bei einer Bepflanzung können Sie sich noch an den bunten Blumen erfreuen. Außerdem hat die Blatt- und Blütenpracht weitere Vorzüge: Kapuzinerkresse hält Blutläuse fern, Ringelblume und Studentenblume vertreiben schädliche Fadenwürmer im Boden, und Meerrettich wirkt vorbeugend gegen Monilia-Fruchtfäule.

Obstbaumschnitt – wozu?

Sorgen Sie durch regelmäßigen Schnitt für ein lockeres, tragfähiges Kronengerüst, das überall gleichmäßig Licht und Sonne bekommt. Die Bäume fruchten länger, da sie zur laufenden Regeneration angeregt werden. Die Früchte reifen besser aus und bleiben gesünder, weil die Blätter nach Regen schneller abtrocknen.

Expertentipp

Obstbäume schneiden ist eine Sache der Praxis – lassen Sie sich das nötige Know-how vom Fachmann in speziellen Schnittkursen beibringen.

Schützen Sie die Rinde vor Verbiss

Liegt Ihr Garten am Ortsrand, in der Nähe des Waldes oder in der Nachbarschaft großer Parkflächen, sollten Sie junge Obstbäume gegen Wildverbiss schützen. Nur zu gerne knabbern Rehe, Hasen und Kaninchen die Rinde vom Stamm und den Ästen. Ein junger Baum erholt sich von diesem Schaden meist nicht mehr und geht ein. Im Fachhandel gibt es spiralig gewundene Kunststoffummantelungen für die Bäume, die kinderleicht und schnell angebracht werden können und wirkungsvoll vor den gierigen Feinschmeckern schützen. Sie können den Baum aber auch mit Jutebandagen umwickeln.

Obstbäume im weißen Kleid

Wenn im Winter tagsüber die Sonne scheint, heizt sich die dunkle Rinde der Bäume stark auf. Wenn es nachts dann friert, entsteht in Rinde und Holz ein starkes Temperaturgefälle. Dies führt oftmals dazu, dass die Rinde und oft der ganze Stamm aufplatzen (»Frostrisse«).
Ein heller Anstrich an Stamm und Kronenansatz (siehe Bild), der die intensiven Sonnenstrahlen reflektiert, beugt vor. Verwenden Sie Kalkmilch als Anstrich oder Fertigpräparate aus dem Fachhandel. Sie können die Stämme auch mit Bastmatten umwickeln.

Beerensträucher gut gepflanzt und gepflegt

Robuste Beerensorten

Brombeeren: 'Loch Ness'

Himbeeren: 'Autumn Bliss' (herbsttragend), 'Rubaca', 'Rumiloba', 'Heritage' (2 x tragend), 'Himbo Top' (2 x tragend)

Rote Johannisbeeren: 'Rotet', 'Rolan'

Schwarze Johannisbeeren: 'Ometa', 'Titania'

Weiße Johannisbeeren: 'Witte von Huisman'

Stachelbeeren: 'Invicta' (weiß), 'Remarka' (rot), 'Rixanta' (gelb), 'Rolonda' (rot)

Nicht jeder hat ausreichend Platz für einen Obstbaum. Für Johannis- oder Stachelbeeren, Himbeeren und Brombeeren findet sich aber immer irgendwo ein Plätzchen im Garten.

Nutzen Sie die Vielfalt des Sortiments und wählen Sie möglichst verschiedene Beerenarten und -sorten mit unterschiedlichen Reifezeiten aus. Das hat den Vorteil, dass Sie mehrere Wochen lang in Beerengenuss schwelgen können und nicht alles auf einmal ernten müssen. Achten Sie auf robuste und resistente Sorten!

Denken Sie beim Pflanzen daran, dass Sie die Sträucher beim Ernten und Pflegen auch von allen Seiten gut erreichen können.

Halten Sie die meist starkwüchsigen Beerensträucher im Zaum und lichten Sie sie regelmäßig kräftig aus – dann sind sie auch viel leichter zu beernten. Geben Sie Brombeeren und Himbeeren eine Kletter- und Standhilfe.

So pflanzen Sie einen Beerenstrauch

Ob Sie wurzelnackte, ballierte oder Containerware pflanzen, der Vorgang ist stets der gleiche:

- Heben Sie mit dem Spaten ein Loch aus, das tief genug ist, damit die Wurzeln ohne Umknicken darin Platz haben, und lockern Sie Wände und Untergrund des Pflanzlochs auf.
- Beerensträucher dürfen etwas tiefer gesetzt werden, als sie zuvor in der Baumschule oder im Topf standen, um bodennahe Neutriebe anzuregen.
- Halten Sie die Pflanze gerade und füllen Sie die ausgehobene Erde wieder ein. Wenn Sie den Aushub zuvor noch mit verrottetem Kompost vermischen, hat der Strauch für die erste Wachstumsphase bereits eine gute Starthilfe.
- Gießen Sie die aufgefüllte Erde immer wieder mit Wasser ein, damit die Wurzeln gut eingeschwämmt werden; das gilt vor allem für wurzelnackte Beerensträucher.

- Drücken Sie die Erde gut an.
- Formen Sie einen Wall um die Pflanzstelle herum, der später als »Gießrand« fungiert, und gießen Sie gut an – am besten mehrmals hintereinander, damit der Gießrand nicht abgeschwemmt wird.

Expertentipp

Beerensträucher im Container können das ganze Jahr über gepflanzt werden; wurzelnackte oder ballierte Sträucher pflanzt man am besten im Herbst oder Frühjahr.

So lichten Sie Johannisbeeren aus

Schneiden Sie die vorhandenen Leittriebe bei Schwarzen Johannisbeeren in den ersten Jahren im Frühjahr um ca. 1/3 zurück. Bei schwach wachsenden Sorten von Roten und Weißen Johannisbeeren kürzen Sie die Leittriebe um 1/3 bis 1/2 ein. Entfernen Sie im Februar/März schwache und herunterhängende Triebe und alle Basistriebe, die älter als 4 Jahre sind. Rote und Weiße Johannisbeeren fruchten hauptsächlich an zwei- und dreijährigen Trieben, weshalb eine gute Verzweigung wichtig ist. Schwarze Johannisbeeren fruchten an einjährigen Trieben (helle Rinde), die Sie bei der Ernte abschneiden sollten.

Himbeeren – ein- und zweimal tragende

Himbeerfrüchte entstehen meist an einjährigen Trieben. Schneiden Sie abgeerntete Triebe gleich nach der Ernte bodeneben ab. Entfernen Sie auch gleich absterbende und vertrocknende Triebe. Zweimal tragende Sorten fruchten bereits im Herbst des ersten Jahres im oberen Teil der Triebe. Schneiden Sie diesen Teil nach der Ernte ab. Lassen Sie den restlichen Trieb auf jeden Fall stehen, da er im nächsten Jahr im unteren Bereich Früchte trägt.

Expertentipp

Bereits regelmäßig Früchte tragende Himbeeren sollten ca. 10 Triebe pro Pflanze haben.

Brombeeren brauchen geregelte Bahnen

Brombeeren bilden kräftige, bis über 2 m lange Triebe aus. Lenken Sie diese Wuchsfreudigkeit in geregelte Bahnen! Am besten spannen Sie zwischen zwei Holzpfosten 2–3 kräftige Drähte, die Sie in 40, 80 und 160 cm Höhe entlang der Beerensträucher ziehen.
An den Pflanzen belassen Sie im ersten Jahr 3–4, später maximal 6 kräftige Triebe und binden oder klammern diese an die gespannten Drähte. Diese Ranken werden im darauf folgend Jahr Früchte tragen, da Brombeeren an den zweijährigen Trieben fruchten.

Süße Leckereien – Erdbeeren

Wenn die ganze Süße des Sommergartens in einer Frucht steckt – dann ist es die Erdbeere! Schon ein kleines Beet mit Erdbeeren liefert jährlich eine Fülle köstlicher Früchte, und schon im Jahr nach der Pflanzung können Sie mit einer ansehnlichen Ernte rechnen.
Am besten wachsen Erdbeeren auf humosen Lehmböden, die gut durchlüftet sind, sich schnell erwärmen und nach Regenfällen rasch wieder trocknen.
Außerdem haben Erdbeeren eine Vorliebe für leicht saure Böden.
Sie brauchen viel Licht und bevorzugen möglichst sonnige Plätze. Bei zu viel Schatten kümmern sie oft vor sich hin und sind besonders anfällig für verschiedene Pilzkrankheiten.

1 x 1 der Erdbeerpflege

Pflanzen: von Juli bis August

Gießen: regelmäßig und häufig; nicht auf Laub, Blüten und Früchte gießen

Bodenpflege: nur ganz oberflächlich hacken, besser mit Stroh oder Rindenkompost mulchen oder mit Mulchfolie abdecken

Düngen: Ende Juli/Anfang August mit Kompost oder organischem Spezial-Volldünger

Kultur: spätestens nach 3 Jahren neue Kultur beginnen – Standort wechseln!

Richtig pflanzen

Wählen Sie zum Pflanzen einen bedeckten Tag und die frühen Vormittags- oder Abendstunden.
Legen Sie die Erdbeerpflanzen am besten entlang einer mit Schnur markierten Pflanzreihe aus und achten Sie in der Reihe auf ausreichende Pflanzabstände (25–35 cm).
Der Reihenabstand sollte 40–60 cm betragen, dann lassen sich die Pflanzen gut pflegen und ernten.
Heben Sie für jede Pflanze ein Loch aus, das so tief ist, dass die Wurzeln locker nach unten hängen können und weder umgeknickt noch hineingezwängt werden. Die Herzknospe sollte knapp über der Erde sitzen!
Füllen Sie mit Erde auf und drücken Sie die Pflanze gut fest.
Gießen Sie danach reichlich mit der Gießkanne ohne Tülle um die Pflanze herum, damit die Wurzeln gut eingeschlämmt werden.

Tolle Nachbarn

Gerade Erdbeerfrüchte werden leider häufig Opfer verschiedener Mehltau- und Schimmelpilze. Aber keine Sorge, hier steht Ihnen neben der Auswahl resistenter Sorten, dem Pflanzen mit weiten Abständen und dem Mulchen des offenen Bodens noch ein weiteres vorbeugendes Mittel zur Verfügung: Setzen Sie einfach die richtigen Nachbarn zwischen die Erdbeerpflanzen! Das sind in diesem Fall Knoblauch oder Zwiebeln, deren intensiv duftende Lauchöle eine stark pilz- und keimtötende Wirkung haben (siehe vorderer Bildrand).
Mit ihren schlanken Trieben und Blättern beanspruchen die Vertreter der Lauchfamilie selbst auch nur wenig Standraum, weshalb sie gut zwischen den Erdbeerpflanzen wachsen können, ohne bei Pflege- oder Erntearbeiten zu stören.

Erdbeeren im Mulchbett

Erdbeerpflanzen bilden zahlreiche Wurzeln aus, die fast ausschließlich dicht unter der Bodenoberfläche verlaufen. Bearbeiten Sie den Boden daher nur ganz flach, damit Sie die Wurzeln nicht verletzen, einfacher machen Sie es sich allerdings mit Mulchen. Eine Mulchschicht verhindert Unkrautwuchs zwischen den Erdbeerreihen und sorgt gleichzeitig für eine ausgewogene Bodenfeuchtigkeit, was den feinen, oberflächennahen Wurzeln sehr zu Gute kommt. Sie können mit Rindenkompost (weitgehend zersetzter Rindenmulch), Heu-, Laub- oder Holzhäcksel mulchen.

Expertentipp

Schwarze Mulchfolie aus Kunststoff eignet sich ebenso. Sie erhöht zudem noch die Bodentemperatur.

Gesunde Früchte auf Holzwolle

Wenn Sie gesunde Erdbeeren ohne Faulstellen ernten wollen, die auch nach einem sommerlichen Regenschauer nicht völlig schlammverkrustet sind, dann greifen Sie zu Holzwolle oder Stroh!
Decken Sie den Boden rund um die Erdbeerpflanzen nach dem Blühbeginn, noch besser bereits ab Mitte Mai dick mit Stroh oder Holzwolle ab. So bleiben die Früchte sauber und trocken, gleichzeitig schaffen Sie durch die Mulchwirkung ein gutes Bodenklima. Der Boden trocknet bei Hitze nicht so schnell aus, hält die Feuchtigkeit länger, die Pflanzen haben deutlich weniger Stress.
Mit einer Holzwolle- oder Strohschicht beugen Sie auch dem Befall mit verschiedenen bodenbürtigen Schadpilzen, wie z. B. dem gefürchteten Grauschimmel, auf einfache und wirkungsvolle Weise vor.

Erdbeeren selbst vermehren

Eine Erdbeerpflanzung ist spätestens nach 3 Jahren »erschöpft« – Größe und Anzahl der Früchte gehen deutlich zurück. Sie sollten daher nach 2 Jahren an einem anderen Platz ein neues Erdbeerbeet anlegen.
Jungpflanzen für das neue Beet erhalten Sie ganz einfach: Erdbeerpflanzen bilden im Juni/Juli kleine Tochterpflanzen an langen oberirdischen Seitentrieben aus. Trennen Sie die jungen Pflänzchen (Ausläufer) von der Mutterpflanze ab, sobald sie kräftig und gut bewurzelt sind, und setzen Sie sie dann auf das neue Beet. Sie können die Ausläufer aber auch gleich in Töpfe hineinwachsen lassen, die Sie rund um die Mutterpflanze aufstellen. Gießen Sie den Erdbeernachwuchs in jedem Falle sehr gut: Die abgetrennten Jungpflanzen dürfen nie so trocken stehen, dass sie welken.

Samen aus der Tüte – das Haltbarkeitsdatum ist wichtig

Saatgut ist nicht unbegrenzt lange keimfähig. Außerdem kann die Keimfähigkeit des Saatgutes bei wechselnden Temperaturen, hoher Luftfeuchtigkeit und einem hohen Sauerstoffangebot stark abnehmen.
Bevorzugen Sie daher Saatgut in so genannten Keimschutzpackungen, bei denen das Saatgut in der Tüte nochmals verpackt und daher doppelt gegen Umwelteinflüsse geschützt ist.
Achten Sie darauf, dass auf den Samentüten das Haltbarkeitsdatum angegeben ist. Ferner sollten folgende Angaben nicht fehlen: Aussaattermin, Licht- oder Dunkelkeimer und Kulturhinweise.

Gesunde Zwiebeln und Knollen

Zwiebeln und Knollen werden meist in Kunststoffnetzen oder durchlöcherten Kunststoffbeuteln angeboten. Qualitativ hochwertiges Material erkennen Sie daran, dass die Zwiebeln und Knollen fest sind und sich trocken anfühlen, keine Schadstellen oder Anzeichen von Pilzbefall zeigen und an der Zwiebelspitze noch nicht grün austreiben.
Kaufen Sie keine Zwiebeln oder Knollen, die eingeschrumpft sind und/oder deren Haut runzlig geworden ist. Hier handelt es sich um zu lange gelagerte, minderwertige Qualität.

Vorgezogene Gemüse- und Salatpflänzchen

Gemüse- oder Salatpflänzchen werden oft mit Topf oder losem Wurzelballen angeboten.Wählen Sie kräftige Pflanzen, die außer den Keimblättern bereits 1–5 Laubblattpaare ausgebildet haben. Die Blätter sollen gleichmäßig grün, fleckenlos und ohne Aufhellungen oder braune Ränder sein. Die Topfballen müssen gut durchfeuchtet und durchwurzelt sein und dürfen beim Hochnehmen nicht auseinander fallen.
Gurken- , Kürbis- oder Zucchinipflanzen sollten nicht zu groß sein. Je mehr Blätter ausgebildet sind, umso mehr Wasser verbrauchen sie und umso schwieriger wird die Anwachsphase im Beet.

Kräuter in Töpfen – achten Sie auf den Wurzelballen

Qualitativ hochwertige Kräuterjungpflanzen in Töpfen sind kompakt und buschig. Sie dürfen weder hoch aufgeschossen sein, noch sollten sie dünne, überlange Triebe gebildet haben. Kräftig grüne, fleckenlose und unbeschädigte Blätter sind ein weiteres Zeichen guter Pflanzenqualität, ebenso gut durchwurzelte Topfballen.
Verzichten Sie auf Pflanzen, bei denen schon viele Wurzeln aus dem Topf wachsen oder deren Wurzelballen beim vorsichtigen Umdrehen des Topfes auseinander fallen. Die eine ist schon überständig, die andere noch nicht genügend bewurzelt.

So erkennen Sie Qualitätsware

Für Frühjahr und Herbst: wurzelnackte Sträucher und Bäume

In der Baumschule stehen die wurzelnackten Pflanzen im Einschlag, d. h., die Wurzeln sind eingegraben oder zumindest gut mit Erde bedeckt, damit sie nicht austrocknen. Achten Sie auf Folgendes:
Die Wurzeln dürfen nicht stark beschädigt oder sehr kurz sein. Es sollten mindestens drei starke »Wurzeläste« vorhanden sein.
Die Triebe bzw. Äste müssen kräftig und elastisch und dürfen nicht eingetrocknet sein. Die Rinde darf keine groben Verletzungen aufweisen.
Obstgehölze müssen eindeutig etikettiert sein, mit genauen Angaben zu Sorte und Resistenzen sowie Pflanz- und Pflegeanleitungen.

Gehölze mit ballierten Wurzeln – Ballenware

Große Obstgehölze bekommen Sie im Fachhandel oft auch als Ballenware. Der Wurzelballen – der keinesfalls zu klein sein darf – wird in der Baumschule mit einem Jutetuch oder einem Drahtgeflecht zusammengehalten. Mitsamt dieser »Hülle« muss der Ballen sich fest und stabil anfühlen. Die Erde im Ballen darf nicht bröselig, trocken oder locker sein. Auch nach dem Transport, wenn die Pflanze dann in Ihrem Garten steht, muss der Ballen noch kompakt und fest sein – wenn nicht, bringen Sie die Pflanze schleunigst zurück!
Auch Ballenware muss ausreichend etikettiert sein (siehe oben).

Etwas teurer, aber ganzjährig zu pflanzen: Containerware

Beerensträucher oder kleinere Obstbäume werden oft als Containerware angeboten. Zwar sind Containerpflanzen im Vergleich mit wurzelnackten Sträuchern teurer, sie können aber einfach und problemlos fast das ganze Jahr über gepflanzt werden.
Sehen Sie sich die Pflanze gründlich an und lassen Sie sich vor dem Kauf den Wurzelballen zeigen, um festzustellen, ob er gut durchwurzelt, jedoch nicht völlig verfilzt ist und die Wurzeln gesund sind. Dazu sollte der Verkäufer die Pflanze aus dem Topf nehmen.
Achten Sie auch hier auf das Etikett!

Wie sieht die Kronenbildung bei Obstbäumen aus?

Achten Sie beim Obstbaumkauf unbedingt auf ein gutes Grundkronengerüst, d. h.:

- Der Stamm sollte in einen geraden Mitteltrieb übergehen, der das Zentrum der Krone bildet.
- Davon ausgehend sollten mindestens drei starke Äste vorhanden sein, die sich als Leitäste eignen. Sie sollten gleichmäßig rund um den Mitteltrieb angeordnet sein.
- Obstbäume müssen außerdem eindeutig etikettiert sein und sollen keine offensichtlichen Verletzungen an Rinde, Stamm oder Wurzeln haben.

Ungebetene Gäste und Schadpilze

Inmitten all des Lebens, das sich im Küchengarten sozusagen von selbst einstellt, finden sich immer auch unerwünschte »Gäste« und Schadpilze, die dem Gartenbesitzer das Leben schwer machen können. Wer baut schon gerne Salat und Gemüse für Blattläuse oder Schnecken an? Oder wer ist erfreut, wenn Mehltau, Braunfäule oder Rostpilze auftreten?
Andererseits lässt sich auch nicht mit Appetit aus dem eigenen Garten naschen und ernten, wenn dort die chemische Keule geschwungen wird. Durch gezielte Sortenauswahl, die richtigen Kulturmaßnahmen, eine ausgewogene Düngung und die Förderung von Nützlingen können Sie sehr viel dazu beitragen, dass sich Schädlinge und Krankheiten in Grenzen halten.

Nützlinge im Garten

- Fledermäuse
- Florfliegen, v. a. ihre Larven
- Frösche
- Igel
- Kröten
- Laufkäfer
- Marienkäfer, v. a. ihre Larven
- Ohrwürmer
- Raubmilben
- Raupenfliegen
- Schlupfwespen
- Schwebfliegen
- Vögel

Blattläuse rechtzeitig erkennen

Wer ein wachsames Auge hat, dem fallen die grünen oder schwarzen Lästlinge schnell auf: Befallene Blätter kräuseln sich oft ein, Triebspitzen verkümmern, und nicht selten entsteht ein klebriger Belag (Honigtau) auf den Pflanzen und darunter. Obwohl die Pflanzen durch das Saugen der Läuse geschwächt werden, gehen sie nur selten wirklich ein.
Streifen Sie die Läuse einfach von Hand von den Trieben, spritzen sie die Läuse mit einem scharfen Wasserstrahl ab oder sprühen Sie befallene Pflanzenteile mit Brennnesseljauche (siehe Seite 66) ein.
Fördern Sie Nützlinge (siehe links)!

Expertentipp

Vermeiden Sie Stickstoffüberdüngung Ihrer Pflanzen – sie sind sonst besonders anfällig für Läuse!

Schnecken – nächtliche Räuber

Schnecken sind die besonderen »Freunde« jeden Gärtners. Großen Schaden richten vor allem die Nacktschnecken an, die sich bevorzugt nachts oder an Regentagen über junge Blätter, Triebe und Früchte hermachen. So mancher Gärtner erklärt ihnen den Krieg mittels Gartenschere. Sie können ihnen aber auch mit Schneckenzäunen, Schneckenkorn und Bierfallen oder durch Absammeln, Ausbringen von scharfem Sand oder Mulchen mit scharfkantigem Schilfhäcksel zu Leibe rücken.
Kulturmaßnahmen wie morgendliches Gießen, Einebnen der Saat- und Pflanzflächen und feinkrümelige Bodenbearbeitung schaffen ein zumindest schneckenunfreundliches Milieu. Nicht zuletzt sind Indische Laufenten, Igel und Kröten (!) große Schneckenvertilger.

Mehltau – Echter oder Falscher?

Mehltau ist ein Schadpilz, der staunende Luft und Feuchtigkeit liebt. Wenn die Blätter auf der Unterseite einen graubraunen Belag haben und nach kurzer Zeit absterben, handelt es sich um den Falschen Mehltau. Ein weißlich-mehliger, abwischbarer Belag blattoberseits, der auch bei trockener Witterung auftritt, deutet auf Echten Mehltau hin.
Nicht immer können Sie diese Schadpilze vollständig abwehren, da die Witterung eine entscheidende Rolle spielt. Aber viele Kulturmaßnahmen wirken vorbeugend:
Setzen Sie die Pflanzen nicht zu dicht. Benetzen Sie beim Gießen Blätter und Stängel möglichst nicht. Gießen Sie morgens. Achten Sie auf eine ausgewogene Düngung. Wählen Sie resistente Sorten. Entfernen Sie befallene Pflanzen und Pflanzenteile möglichst rasch.

Kraut- und Braunfäule

Die Kraut- und Braunfäule an Tomaten, Paprika und Auberginen ist ebenfalls das Werk eines Schadpilzes. Es erscheinen braune oder schwarze Flecken zuerst auf den älteren Blättern, später auch auf Stängeln und Früchten. Die Blätter verdorren oder verfaulen, das Fruchtfleisch wird erst hart, später faulig, zuletzt stirbt die ganze Pflanze ab.
Der Schadpilz breitet sich meist ab Ende Juni über staubfeine Sporen aus, die der Wind sehr weit trägt. Zum Keimen brauchen die Pilzsporen Feuchtigkeit. Gefahr besteht in der Regel nur dann, wenn die Pflanzen feucht sind. Schützen Sie Ihre Pflanzen daher vor Feuchtigkeit. Pflanzen Sie sie nicht zu dicht. Gießen Sie nur in den Boden. Spritzen Sie einmal pro Woche vorbeugend mit Schachtelhalmbrühe oder Knoblauchtee (siehe Seite 66).

Rost – auch ein Schadpilz

Bohnen, Lauch oder Pfefferminzpflanzen sind manchmal mit braunen oder schwarzen Pusteln und Flecken übersät. Hier haben sich Rostpilze niedergelassen. Die Pflanzen werden geschwächt, befallene Pflanzenteile sind meist nicht mehr zum Verzehr geeignet.
Wie viele andere Schadpilze werden auch Rostpilze durch den Wind verbreitet und fühlen sich bei feuchtwarmer Witterung so richtig wohl. Achten Sie auf große Pflanzabstände, damit eine gute Luftzirkulation vorhanden ist. Düngen Sie ausgewogen. Pflanzen Sie resistente Sorten. Entfernen Sie befallenes Pflanzenmaterial sofort – geben Sie es aber nicht auf den Kompost!
Vorbeugend wirken regelmäßige Spritzungen mit Schachtelhalmbrühe (siehe Seite 66).

Kommen Sie den Schädlingen zuvor

Pflanzenbrühen

Ackerschachtelhalmbrühe: vorbeugend alle 2 Wochen gegen Pilzerkrankungen, Verdünnung 1:5

Beinwelljauche: liefert Stickstoff und Kali, Verdünnung 1:20 (als Kopfdüngung)

Brennnesseljauche: liefert Stickstoff, wirkt gegen Läuse, Verdünnung 1:20

Knoblauchtee: wirkt unverdünnt gegen Pilzerkrankungen

Rainfarnbrühe: wirkt unverdünnt gegen Läuse und Milben und andere Insekten

Sobald zartes Gemüse und knackiger Salat im Küchengarten gedeihen, stellen sich oft auch viele unerwünschte »Mitesser« ein, denen die leckeren Gartenprodukte mindestens ebenso gut schmecken wie Ihnen. Doch keine Sorge – mit den passenden Methoden verderben Sie ihnen gezielt den Appetit, und das weitgehend auch ohne die Verwendung chemischer Pflanzenschutzmittel!
Mechanische Maßnahmen wie z. B. Fallen, Netze, Köder oder Schutzzäune sind äußerst wirkungsvoll, wenn sie zum richtigen Zeitpunkt eingesetzt werden. Informieren Sie sich daher, wann welcher Schädling aktiv ist, dann können Sie entsprechend reagieren.
Es gibt aber auch viele freiwillige Helfer, die Ihnen beim Dezimieren der Schädlinge helfen (siehe Seite 64). Fördern Sie diese Nützlinge in Ihrem Garten durch Pflanzenvielfalt, Nahrungsangebot, Rückzugsmöglichkeiten, Schlupfwinkel und den Verzicht auf chemische Pflanzenschutzmittel!

Pflanzenbrühen – stärkend und schützend

Für Ackerschachtelhalmbrühe, brauchen Sie ca. 1 kg frisches (oder 200 g getrocknetes) Kraut. Weichen Sie die zerkleinerten Pflanzen 24 Stunden in 10 Liter kaltem Wasser ein, kochen das Ganze anschließend auf und lassen es ca. 30 Minuten köcheln. Abkühlen lassen und durch ein Sieb schütten – fertig!
Für Brennnesseljauche werden ca. 1 kg zerkleinerte Pflanzen mit 10 Liter Wasser angesetzt und 10–20 Tage stehen gelassen, bis die Jauche vergoren ist.
Knoblauchtee stellen Sie her, indem Sie ca. 70 g Knoblauchzehen zerkleinern, 1 Liter heißes Wasser darüber gießen und das Ganze mindestens 5 Stunden ziehen lassen.

Die Mischung schützt

Bei der Mischkultur (siehe Seite 16/17) fördern und ergänzen sich verschiedene Gemüsearten nicht nur in ihrem Wachstum, sondern können auch ganz gezielt Schädlinge fern halten. Meist geschieht das durch den pflanzeneigenen Geruch, der die Schädlinge abschreckt oder irritiert. Ein ideales Paar sind z. B. Möhren und Zwiebeln. Andere Pflanzen wiederum wirken durch ihre Wurzelausscheidungen oder ihre spezielle Art und Weise, den Boden intensiv zu durchwurzeln, positiv und fördernd auf die allgemeine Bodengesundheit. Zu ihnen zählen z. B. Ringelblumen, Studentenblumen und Lauch.

Großes Netz gegen kleine Fliegen

Kleine Gemüsefliegen, deren Larven an Bohnen, Kohlgewächsen, Lauch, Möhren, Radieschen, Rettichen und Zwiebeln fressen, können einem den Gartenspaß ziemlich verderben.
Spezielle feinmaschige Gemüseschutznetze schaffen hier Abhilfe. Breiten Sie sie gleich bei der Aussaat oder Pflanzung locker über die Beete und befestigen Sie sie am Rand mit Steinen oder Brettern. Bei höher werdendem Gemüse können Sie sie auch über Drahtbögen spannen. Auch andere anfliegende Schädlinge, wie z. B. Blattläuse und Kohlweißling, haben so keine Chance.

Bierfalle, Schneckenzaun, Absammeln ...

Gegen Schnecken hilft so manches – oder auch nicht. Probieren Sie das Mittel der Wahl für sich selbst aus. Manche schwören auf mit Bier gefüllte Becher, die im Boden eingesenkt werden. Beim Einsatz von Schneckenzäunen sollten Sie darauf achten, dass keine hohen Pflanzenteile drüberhängen und den Schnecken als »Brücke« dienen können. Sehr effektiv, jedoch zeitaufwändig ist das morgendliche Absammeln unter geschützten Plätzen.

Expertentipp

Im Fachhandel gibt es inzwischen auch ein wirksames regenfestes und Nützlinge schonendes Schneckenkorn.

Verpassen Sie dem Kohlrabi einen Kragen!

Wenn Sie runde Scheiben aus Pappe oder Teerpappe, die Sie selbst herstellen oder fertig im Fachhandel beziehen können, eng sitzend um die Stängelbasis junger Kohl- und Kohlrabipflanzen legen, können Kohlfliegen ihre Eier nur weiter entfernt von den Pflanzen im Boden ablegen. Die schlüpfenden Larven sterben meist ab, bevor sie die »Futterquelle« erreichen.
Damit diese Maßnahme zuverlässig wirkt, müssen Sie die Kohlkragen etwa zu Beginn der Rosskastanienblüte anbringen, denn dann legen die Kohlfliegen ihre Eier ab.

Wenn der Wurm drin ist …

Verlieren Sie nicht gleich bei der ersten Blattlaus die Lust am Gärtnern, fördern Sie stattdessen Nützlinge und sorgen Sie für einen optimalen Gesundheitszustand Ihrer Pflanzen.
Ein sachgerechter Schnitt bei Obstbäumen fördert z. B. deutlich deren Widerstandsfähigkeit gegenüber Krankheiten und Schädlingen. In einer optimal geschnittenen Obstbaumkrone bekommen alle Partien genug Licht und Luft und trocknen nach Regen schnell und gleichmäßig ab.
Vermeiden Sie bei der Düngung ein »Zuviel« an Stickstoff, denn das führt zu übermäßigem Wachstum der Triebe, die dadurch wieder zu potenziellen Kandidaten für Läuse, Pilzkrankheiten & Co. werden.
Kaufen und pflanzen Sie nur Gehölze, die frei von Schädlingen und Krankheiten sind, und haben Sie immer ein Auge auf Ihre Pflanzen.

Resistente und robuste Obstsorten

Äpfel: 'Pilot', 'Piros', 'Pinova', 'Reanda', 'Reglindis', 'Remo', 'Retina', 'Rewena'

Birnen: 'Alexander Lukas', 'Frühe aus Trevaux', 'Gellerts Butterbirne'

Sauerkirschen: 'Karneol','Kobold', 'Ludwigs Frühe, 'Vowi'

Süßkirschen: 'Burlat', 'Sam', 'Vanda'

Zwetschen: 'Elena','Hanita', 'Katinka', 'Presenta', 'Valjevka'

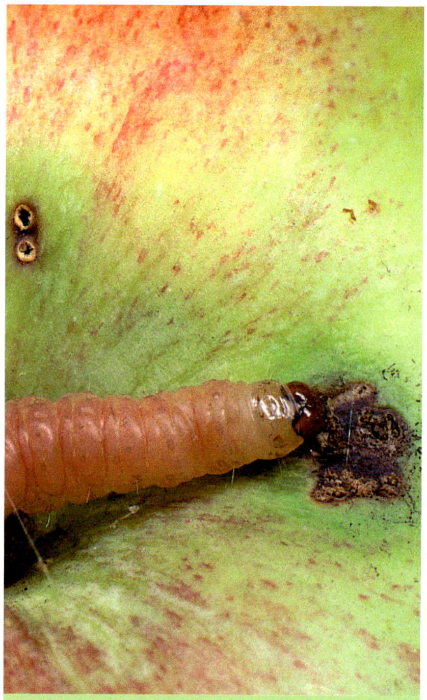

Apfelwickler

Bei dem »Wurm im Apfel« handelt es sich um das Raupenstadium eines kleinen Falters, des Apfelwicklers. Dieser ist von Ende Mai bis Anfang August in der Dämmerung unterwegs und legt seine Eier an Blättern und jungen Früchten ab. Die hellrote, ca. 2 cm große Raupe frisst sich ins Innere der Früchte ein und verlässt sie im Herbst, um in der Rinde zu überwintern und sich zu verpuppen. Bleibt wurmiges Fallobst im Herbst liegen, wandern die Raupen zurück auf die Bäume.
Sammeln Sie daher Fallobst immer auf. Bringen Sie von Ende Juni bis nach der Ernte ca. 20 cm über dem Boden am Baumstamm Wellkarton-Fanggürtel an und sammeln Sie wöchentlich darin verfangene Raupen ab. Fördern Sie natürliche Feinde wie Vögel und Fledermäuse und pflanzen Sie wenig anfällige Sorten.

Kirschfruchtfliege

Bei verwurmten Kirschen ist die Made der nur ca. 5 mm großen Kirschfruchtfliege die Ursache des Übels. Diese fliegt von Mitte Mai bis Juli und legt ihre Eier an den reifenden Kirschen ab. Die Maden fressen in den Früchten und verpuppen sich ab Juli im Boden, wo sie auch überwintern. Bei ausreichender Bodenerwärmung schlüpfen dann neue Kirschfruchtfliegen aus.
Durch einen Bewuchs auf den Baumscheiben können Sie eine frühe Erwärmung des Bodens hinauszögern, so dass die Fliegen erst schlüpfen, wenn die Kirschen das für sie interessante Stadium überschritten haben. Entfernen Sie unbedingt auch vorzeitig herabfallende Früchte und wurmiges Fallobst.
Früh reifende Kirschsorten und Bäume an luftigen Standorten sind kaum gefährdet.

Birnengitterrost

Erst kleine, dann größer werdende orangegelbe Flecken auf der Oberfläche von Birnenblättern sind ein Zeichen für den Befall mit dem Birnengitterrost. Im Herbst entstehen auf den Blattunterseiten höckerähnliche, braune Gebilde, aus denen sich staubfeine Pilzsporen verteilen und neue Infektionen hervorrufen. Vernichten (nicht kompostieren) Sie konsequent befallenes Falllaub! Was es im Hausgarten fast unmöglich macht, den Birnengitterrost auszurotten, ist ein besonderer »Trick« des Pilzes: Er überwintert auf Zierwacholder. Dort bildet er braune, klumpig-gallertartige Gebilde.

Expertentipp

Wenn Sie Birnbäume pflanzen wollen, sollte in der Nähe kein Zierwacholder angepflanzt sein.

Monilia-Fruchtfäule

Wer kennt sie nicht, die unschönen, eingetrockneten faulen Früchte, die nicht einmal herunterfallen, sondern oft monatelang einfach in den Kronen der Apfelbäume hängen bleiben? Diese »Fruchtmumien« fungieren dann im folgenden Frühjahr auch gleich als neue Infektionsherde des Monilia-Schimmelpilzes, der Kern- und Steinobst befällt.
Die Blüten welken, werden braun und vertrocknen, bleiben aber auch noch lange im Baum hängen. Spät befallene Früchte verschrumpeln oft erst auf dem Lager und werden schwarz. Der Pilz tritt verstärkt bei Regen und Wind zur Blütezeit oder nach Verletzung der Früchte auf. Entfernen Sie unbedingt sofort alle befallenen Früchte und Zweige. Kontrollieren Sie eingelagertes Obst regelmäßig auf faulende Früchte.

Grauschimmel

Beim Grauschimmel (Graufäule) handelt es sich um einen Schadpilz und typischen »Schwächeparasiten«. Haben Sie deshalb bei starkem Befall ein Augenmerk auf die Standort- und Wachstumsbedingungen der Pflanzen. Besonders anfällig sind überdüngte Pflanzen, ebenso Kulturen in sehr nassen Jahren oder nach Dauerregen.
Wählen Sie resistente Sorten aus. Setzen Sie Knoblauch zwischen die Erdbeerreihen. Sorgen Sie dafür, dass die Pflanzen nach Regen schnell wieder abtrocknen, indem Sie weite Pflanzabstände einhalten. Seien Sie sparsam mit der Stickstoffdüngung. Sorgen Sie für eine gute Bodenstruktur und schaffen Sie eine lockere Bodenbedeckung, z. B. durch Mulchen. Vernichten Sie befallene Pflanzenteile sofort (nicht auf den Kompost!).

Keine Chance für Obstschädlinge

Wer ist wann aktiv?

Apfelblütenstecher: Mitte März bis Mitte April

Apfelwickler: Mitte Mai bis Mitte Juni (1. Generation); Anfang Juli bis Anfang August (2. Generation)

Blattläuse: April bis Ende August

Frostspanner: Sept. bis Dez. (Falter), März bis Mai (Raupe)

Kirschfruchtfliege: Mai bis Juli

Pflaumenwickler: Mitte Mai bis Mitte Juni (1. Generation); Juli bis August (2. Generation)

Schildläuse: Juli/August

Spinnmilben: Mai bis Ende August

Wurmiges Obst hat schon manchem Hausgärtner den Appetit verdorben. Doch werfen Sie nicht gleich beim ersten Wurm im Apfel die Flinte ins Korn!
Gerade Obstbäume und -sträucher sind begehrte Lebensräume für eine Vielzahl tierischer Bewohner, und wenn Sie die nützlichen unter ihnen gezielt fördern, haben viele Schadinsekten das Nachsehen.
Einige Obstschädlinge lassen sich verhältnismäßig einfach mit dem Einsatz von Fanggürteln, Leimringen, Gelbtafeln oder Pheromonfallen im Zaum halten – wenn Sie sie zum richtigen Zeitpunkt einsetzen und fachgerecht warten.
Wenn Sie Ihre Obstgehölze wirkungsvoll schützen wollen, ist das Wichtigste jedoch eine regelmäßige Kontrolle Ihrer Pflanzen. Nur so können Sie erste Anzeichen von Schädlingsbefall frühzeitig erkennen und weiteren Schäden sinnvoll vorbeugen!

Holen Sie sich Nützlinge in den Garten!

Haben Sie eine Meise oder besser mehrere in Ihrem Garten, dann haben Sie schon einen hervorragenden »Pflanzenschutzdienst«, was Schadinsekten wie Blattläuse, Raupen und Obstmaden betrifft. Bieten Sie daher ausreichend Nist- und Unterschlupfmöglichkeiten an, damit sich Meisen und andere Singvögel in Ihrem Garten heimisch fühlen. Passende Nistkästen für verschiedene Vogelarten gibt es als Bausätze zum Selbermachen oder bereits fertig im Fachhandel. Befestigen Sie die Kästen gut – am besten an einem Pfahl – und bringen Sie darunter einen »Katzenschutz« an. Natürliche Futterquellen und Nistmöglichkeiten für Vögel schaffen Sie, wenn Sie Sträucher pflanzen, die den Vögeln durch ihre Stacheln und Dornen sichere Verstecke bieten.

Im »Erdgeschoss« kann sich auch ein anderer »Nützling« – der Igel – ein geschütztes Quartier einrichten. Auch wenn sich dieses Stacheltier hin und wieder an den Früchten des Gartens gütlich tut (siehe Bild), ist sein Nutzen für den Küchengärtner weitaus größer. Ein locker aufgeschichteter Haufen aus Gehölzschnitt und Laub in einer ruhigen Gartenecke bietet ihm tagsüber Schutz und das passende Quartier zum Überwintern. Steinhaufen oder Trockenmauern sind ideale Versteck- und Unterschlupfmöglichkeiten für Insekten fressende Tiere wie Blindschleiche, Eidechse, Kröte und Spitzmaus.

Kirschfruchtfliegen sehen gelb!

Kirschfruchtfliegen lassen sich leicht von gelben Kunststofftafeln anlocken, die mit Leim bestrichen sind, so dass die Fliegen kleben bleiben. Damit die Kirschen allerdings wirkungsvoll geschützt werden, müssen Sie die Leimtafeln rechtzeitig vor der Flugzeit der Insekten in die Bäume hängen. Das ist meist von Anfang Mai bis Ende Juni der Fall, wenn die Kirschen sich gerade von Gelb nach Rot verfärben. Genau in diesem Stadium werden sie von den Kirschfruchtfliegen zur Eiablage angesteuert. Hängen Sie je nach Baumgröße bis zu sechs solcher Fallen in jeden Baum – bevorzugt an der Südseite.

In die Falle gelockt

Verursacher von verwurmtem Obst sind meist die Raupen kleiner Falter wie Apfelwickler, Apfelschalenwickler oder Pflaumenwickler. Sie können mit Lockstofffallen aus Kunststoff gefangen werden, die im Inneren mit Leim beschichtet und mit einem Duftstoff versehen sind, der die männlichen Falter anlockt. Die Falter bleiben kleben und sterben – sie können nicht mehr für Nachwuchs sorgen.

Expertentipp

Zur intensiven Bekämpfung von Obstmaden sind Fanggürtel oder im Handel erhältliche Nützlinge (Schlupfwespen) besser geeignet.

Auf den Leim gegangen

Die flügellosen Weibchen des Frostspanners, die im September/Oktober an den Obstbäumen hinaufklettern und dort ihre Eier ablegen, lassen sich mit Leimfallen fangen. Die Fallen können Sie aus festen Papierstreifen und Leim selbst herstellen oder fertig im Fachhandel kaufen. Wichtig ist, dass Sie sie in 1 m Höhe so fest am Stamm anbringen, dass keine Ritzen darunter entstehen.
Nehmen Sie die Leimringe im Dezember ab und verbrennen Sie sie, damit nicht unnütz andere Insekten daran kleben bleiben.

Endlich Erntezeit!

Sie haben Ihren Küchengarten über Wochen und Monate hinweg sorgsam gepflegt, gedüngt und gegossen, Schädlingen und Krankheiten den Kampf angesagt, gewonnen und verloren – endlich kommt der Zeitpunkt, für den Sie die ganze Mühe auf sich genommen haben: die Ernte!
Manche Gemüsearten sollten Sie in einem ganz bestimmten Reifestadium ernten, um den vollen Geschmack genießen zu können. Andere dagegen können Sie ruhigen Gewissens über längere Zeit auf den Beeten stehen lassen und nach und nach abernten.
Bei würzigen Kräutern hängt die Qualität bzw. der Aromagehalt von der Tageszeit ab, zu der sie geerntet werden. Manche von ihnen schmecken nur frisch gut, andere können ohne weiteres eingefroren oder getrocknet werden, ohne an Aroma zu verlieren.
Welches Obst und Gemüse kann noch länger gelagert werden und wie?

Was eignet sich zum Lagern und wie lange?

Äpfel: Lagersorten 5–8 Monate

Birnen: Lagersorten 2–6 Monate

Quitten: bis zu 8 Wochen

Kohlgemüse: Lagersorten von Rot- und Weißkraut, Kohrabi, Rosenkohl 2–4 Monate

Winterkürbis: bis zu 6 Monate

Wurzel- und Knollengemüse: Lagersorten von Möhre (6–7 Monate), Sellerie (3–4 Monate), Rote Bete (3–5 Monate), Knollenfenchel (4–8 Wochen)

Zwiebelgemüse: Lagerzwiebel und Knoblauch 6–7 Monate

Es kommt auf die Tageszeit an

Ernten Sie Würz- und Teekräuter am besten vormittags, dann sind Aroma und Würzkraft am besten. Bei mehrjährigen Kräutern können Sie mit einer Schere oder einem scharfen Messer Blätter, Triebspitzen oder ganze Triebe abschneiden.
Von einjährigen Kräutern, z. B. Basilikum, werden nur einzelne Blättchen oder Triebspitzen abgezupft.
Wollen Sie die Kräuter aufbewahren und trocknen, sollten sie zum Erntezeitpunkt völlig trocken sein, damit sie später nicht schimmeln oder faulen. Breiten Sie zum Trocknen saubere und gesunde Blätter, Stängel, Blüten oder ganze Pflanzenteile an einem warmen, trockenen, schattigen Ort aus. Trocknen Sie Kräuter auf keinen Fall in der prallen Sonne oder bei großer Hitze. Sie verlieren sonst einen Großteil ihres aromatischen Öls – und damit Geschmack.

Warten Sie nicht zu lange

Warten Sie bei Zucchini nicht zu lange mit der Ernte und lassen Sie die Früchte nicht zu groß werden (das gilt auch für Gurken und Sommerkürbisse).
Zucchini sollten nicht viel länger als 15–20 cm sein – je kleiner sie geerntet werden, desto zarter sind Fleisch und Schale und desto weniger Kerne haben sie. Außerdem entwickeln sich bei laufender Ernte auch ständig neue, knackige kleine Zucchini an einer Pflanze.
Wenn Sie schon nach der Blütenbildung Holzwolle, Stroh oder Mulchfolie unter die Pflanze legen, dann ernten Sie einwandfreie Früchte, die weder verschmutzt, angefault noch angefressen sind.

Zwiebeln zum Einlagern

Ernten Sie Zwiebeln, die Sie einlagern wollen, sobald das Laub zu welken beginnt. Wählen Sie für die Zwiebelernte am besten einige möglichst trockene Tage aus. Dann können Sie die aus dem Boden genommenen Zwiebeln noch einige Tage gleich auf dem Beet liegen und dort trocknen lassen.
Binden Sie die Zwiebeln dann am Laub zu Bündeln oder kunstvollen Zöpfen zusammen und hängen Sie sie an einem trockenen, luftigen Platz auf.
Sind die Zwiebeln richtig trocken, dann lagern Sie sie an einem kühlen, trockenen Ort. Trockenen Zwiebeln schadet auch Frost nicht. Kontrollieren Sie immer wieder auf faulende Exemplare und sortieren Sie diese sofort aus. Bei hohen Temperaturen und hoher Luftfeuchtigkeit treiben die Zwiebeln schnell aus.

Äpfel sind eigen!

Äpfel brauchen einen luftigen und kühlen (2–6 °C) Platz mit etwa 90 % Luftfeuchte. Legen Sie die Früchte nach Möglichkeit einzeln auf Lattenrosten oder Holzwolle aus. Lagern Sie nur unbeschädigte, gesunde Früchte ein! Kontrollieren Sie sie regelmäßig. Lagern Sie Äpfel separat, da sie einen »Reifestoff« abgeben, der die Haltbarkeit anderer Früchte und Gemüse deutlich verringert. Birnen sind nur begrenzt lagerfähig, brauchen dann aber möglichst niedrige Temperaturen (2–3 °C). Vollreif geerntete Quitten können Sie in kühlen Räumen bis zu 10 Wochen lagern.

Expertentipp

Kleine Mengen Äpfel können Sie gut 4–8 Wochen in einem kühlen Raum in Plastikbeuteln mit Löchern lagern.

Gemüse im Keller

Am besten zur Gemüseeinlagerung ist ein möglichst kühler Kellerraum (4–10 °C) mit ca. 80 % Luftfeuchte. Kartoffeln brauchen es ziemlich dunkel, damit sie nicht frühzeitig zu keimen beginnen.

- Wurzelgemüse wie Karotten, Knollensellerie und Rote Bete halten sich besonders lange knackig, wenn Sie sie in einer Kiste mit feuchtem Sand liegen.
- Winterkürbis hält sich bei etwas wärmeren Temperaturen (10–12 °C) bis zu 6 Monaten.
- Knoblauch lagern Sie am besten ziemlich kühl (–1 bis 0 °C), bei höheren Temperaturen treiben die Knollen leicht aus.
- Kohlköpfe können Sie dunkel und kühl in Körben oder Kisten im Keller aufbewahren.

Alles gelagerte Gemüse immer wieder einmal kontrollieren!

Obst, Gemüse

und Kräuter auswählen

Die Vielfalt des Nutzpflanzen-Sortiments

Das Sortiment an Nutzpflanzen für den Küchengarten, das mittlerweile im Fachhandel angeboten wird, ist riesengroß. Verschiedene Obst-, Gemüse- und Kräuterarten und -sorten bevölkern Gärtnereien und Gartencenter in beinahe unüberschaubarer Fülle. Dank intensiver Züchtungsarbeit entstehen immer wieder neue und oft besonders gesunde und widerstandsfähige Sorten. Insbesondere bei Obst und Gemüse gewinnen krankheits- und schädlingsresistene oder -tolerante Sorten immer mehr an Bedeutung, da durch ihre Verwendung ein Vielfaches an chemischen Pflanzenschutzmitteln eingespart werden kann – was natürlich auch einer gesunden Umwelt zugute kommt.

Doch auch hinsichtlich Qualität und Aussehen ist die moderne Pflanzenzüchtung nicht untätig. Viele verbesserte Obst- und Gemüsesorten, die süßer, bissfester, knackiger, gehaltvoller oder länger lagerfähig sind, und auch Gemüse- und Salatsorten in aktuellen Trendfarben bereichern das aktuelle Sortiment. Andererseits gibt es auch viele altbewährte Sorten, die sich für bestimmte Boden- und Klimaverhältnisse nach wie vor am besten eignen. Vor allem beim Obst ist dies oftmals von entscheidender Wichtigkeit, weshalb Sie bei der Auswahl Ihrer Obstbäume auch stets ein Auge auf bewährte regionale Sorten haben sollten, selbst wenn diese im Standardsortiment nicht vertreten sind.

Die richtigen Sorten finden

Gerade die Sortenwahl will also gut überlegt sein. Schauen Sie öfter mal über den Zaun, in Nachbars Garten oder verfolgen Sie aufmerksam, was in den Gärten von Freunden und Bekannten gut gedeiht und was nicht. Wenn Sie Ihren Küchengarten mit anderen vergleichen, berücksichtigen Sie jedoch immer die Standortverhältnisse.

Zur Auswahl der beschriebenen Pflanzen

Auf den folgenden Seiten finden Sie ein Grundsortiment wichtiger und bewährter Obst-, Gemüse- und Kräuterarten und -sorten. Im gut sortierten Fachhandel dürften Sie die Mehrzahl der Pflanzen problemlos erhalten. Wenn die eine oder andere Sorte gerade nicht vorrätig ist, lassen Sie sich gut über die infrage kommenden Alternativen beraten – vor allem wenn es um Obstgehölze geht.

Jeder der drei großen Pflanzengruppen – Obst, Gemüse, Kräuter – ist ein eigenes Unterkapitel im Porträtteil gewidmet. Innerhalb der Unterkapitel sind die vorgestellten Pflanzen jeweils nach thematischen Gruppen zusammengefasst. Diese orientieren sich z. B. an der vorrangigen Verwendung wie »Gemüse zum Lagern«, »Salate für den Winter« oder »Kräuter für Kinder«. In diesen Gruppen werden die einzelnen Pflanzen in der alphabetischen Reihenfolge ihrer botanischen Namen aufgeführt. Zusätzlich werden einige der thematischen Gruppen durch Tabellen ergänzt, in denen Sie besonders empfehlenswerte oder außergewöhnliche Sorten finden.

- Im ersten Kapitel finden Sie verschiedene **Obstarten.** Angefangen von Beerenobst, das sich bereits für recht kleine Gärten eignet, über Kern- und Steinobst können Sie aus vielen schmackhaften Obstarten wählen.
- Das zweite Kapitel stellt Ihnen eine Auswahl gängiger **Salate und Gemüsearten** vor. Es werden praktische »Schnellwachser« wie Kresse und Radieschen und pflegeleichte Gemüse wie Spinat und Grünkohl beschrieben, die prompte Gartenerfolge liefern. Aber auch aus dem breiten Spektrum an Sommer- und Wintersalaten, Wurzel- und Knollengemüsen, mediterranem und asiatischem Gemüse, das Ihnen hier vorgestellt wird, kann sich schon bald einiges auf Ihren Beeten tummeln.
- Im dritten Kapitel geht es um **Küchen- und Würzkräuter**, von denen man wegen ihrer vielfältigen Düfte und Aromen gar nicht genug im Garten haben kann und für die sich auch im kleinsten Garten und selbst auf dem Balkon immer ein Plätzchen findet.

Der Aufbau der einzelnen Pflanzenporträts

Die einzelnen Pflanzenporträts sind wie folgt unterteilt:

- In der Überschrift finden Sie den gängigen **deutschen Namen** und darauf folgend in kursiver Schrift die international gültige **lateinische Bezeichnung**. Nach ihr werden die Pflanzen meist im Fachhandel, in Katalogen und Büchern aufgeführt und geordnet. Sie besteht aus mindestens zwei Teilen, sozusagen dem Vor- und Nachnamen. Der erste, großgeschriebene, bezeichnet die Gattung, z. B. *Allium* für Zwiebel. Ihm folgt die Bezeichnung für die Art, z. B. *cepa*. Mit *Allium cepa* ist die Küchenzwiebel eindeutig beschrieben. **Sortennamen**, z. B. 'Cilantro', stehen in einfachen Anführungszeichen.
- Die anschließenden Angaben zum **Pflanzabstand** erleichtern Ihnen die richtige Planung von Beeten, Pflanzungen, Kästen und Kübeln. Bedenken Sie jedoch, dass die angegebenen Zahlen immer als Mittelwerte zu verstehen sind, die je nach Sorte, Standort und Boden auch variieren können.
- Das Gleiche gilt für die darunter folgenden Angaben zur **Erntezeit**, die je nach Lage und Klima ebenfalls unterschiedlich ausfallen kann.

Das Arten- und Sortenangebot an Obst, Gemüse oder Kräutern ist riesengroß. Nehmen Sie sich im Winter Zeit und informieren Sie sich in Katalogen und im Internet.

- Die darauf folgenden **Piktogramme** verdeutlichen Ihnen auf einen Blick die wichtigsten Bedürfnisse der Pflanze sowie die Eigenschaften bezüglich Lagerung und Haltbarmachung des Erntegutes und geben Hinweise, ob auch eine Topfkultur möglich ist. Sie sind auf jeder Porträtseite am unteren Seitenrand nochmals aufgeführt und erklärt.

Die Pflanze gedeiht am besten in voller Sonne, d. h. im Laufe des Tages liegt der Standort nie oder höchstens für 1–2 Stunden im Schatten.

Die Pflanze gedeiht am besten im Halbschatten. Das sind z. B. Plätze, die für mehrere Stunden am Tag im Vollschatten liegen.

Die Pflanze gedeiht sogar noch im Schatten gut, d.h. an Standorten, die höchstens für 2–3 Stunden täglich besonnt werden.

Die Pflanze braucht viel Wasser und sollte regelmäßig täglich gegossen werden.

Es ist ausreichend, wenn die Pflanze alle 3–4 Tage gegossen wird.

Die Pflanze kommt mit sehr wenig Wasser aus und muss nur bei lang anhaltender Trockenheit gegossen werden.

Eine Kultivierung der Pflanze im Topf oder Kübel ist gut möglich.

Die Früchte bzw. Gemüse können über mehrere Wochen hinweg gelagert werden.

Die Teile der Pflanze, die geerntet werden, eignen sich zum Trocknen.

Die Teile der Pflanze, die geerntet werden, eignen sich zum Einfrieren.

Der Aufbau der Porträttexte

Die Kurzbeschreibungen der einzelnen Pflanzen befassen sich mit der fachgerechten Kultur der einzelnen Arten.
Anbauen: Hier finden Sie wichtige Hinweise zur Vermehrung. Beim Obst sind das Angaben über Pflanzung, Befruchtungsverhältnisse und Standraum, bei Salat, Gemüse und Kräutern über Aussaatzeiten und Pflanztermine.
Boden (Substrat bei Pflanzen in Töpfen und Kübeln): Hier sind die wichtigsten Standortbedingungen genannt.
Pflegen: In dieser Rubrik sind besondere Hinweise enthalten, die das gute Gedeihen gewährleisten, wie z. B. Aufbinden, Mulchen, Düngen oder Schnittmaßnahmen.
Ernten: Hier steht, wann und wie am besten geerntet wird, wie Sie das richtige Reifestadium erkennen oder welche Teile der Pflanze Sie verwenden können.
Unter *Expertentipp* oder *Gute Partner* finden Sie darüber hinaus noch weitere nützliche Informationen.

Leckeres Obst für alle Fälle

Obst im Garten – habe ich da überhaupt Platz dafür? Es muss ja nicht ein großer Apfelbaum sein, ein Halbstamm oder Spalierbaum tut es auch. Beerensträucher beanspruchen relativ wenig Platz, sind anspruchslos und pflegeleicht und liefern selbst im kleinen Garten oder auf Terrasse und Balkon meist reiche Ernte. Vielleicht haben Sie auch eine sonnige Hauswand, an der eine Weinrebe oder einige Kiwipflanzen emporranken können?

Knackige Äpfel, süße Birnen, leuchtend rote Kirschen und vielerlei Beeren ernten – selbst in kleineren Gärten ist dies mit den heutigen Sorten, die mit deutlich weniger Standraum auskommen, möglich.
Die Pflanzung eines Obstbaums will wohl überlegt sein, da er für Jahre an seinem Platz stehen wird. Beerenobst aber findet im kleinsten Garten Platz und benötigt relativ wenig Aufwand und Pflege. Es ist damit geradezu ideal für Küchengarten-Einsteiger. Stachelbeeren, Johannisbeeren, Himbeeren und Brombeeren können bei wenig Platz gut auch als Hecke an Zäunen entlang gepflanzt werden. Erdbeeren und Heidelbeeren gedeihen problemlos auch in Töpfen oder Trögen.

Auf die Sorte kommt es an

Ob Kern- oder Steinobst, große oder kleine Beerensträucher, wichtig ist eine gut durchdachte Sortenwahl. Die Sorte sollte auf jeden Fall zum vorhandenen Standort passen. Wärme liebende Obstarten oder -sorten gedeihen in rauen Nordwestlagen nicht. Als Alternative kommt vielleicht Spalierobst an der Hauswand infrage?
Auch die Bodenbeschaffenheit (siehe Seite 26/27) sollte der ausgewählten Obstart zusagen.
Achten Sie auch auf die angegebenen Erntezeiten und kombinieren Sie verschiedene Obstarten so, das »Obstschwemmen« vermieden werden.

Obst frisch vom Strauch oder zum Einlagern

Möchten Sie Äpfel für den Winter einlagern oder lieber knackig und frisch vom Baum herunter essen? Werden die Zwetschgen am liebsten süß und saftig gleich verzehrt, oder soll´s jede Woche mindestens einmal Zwetschgenkuchen geben? Das vielseitige Beerenobst bietet sich zum Naschen im Garten, frisch vom Strauch herunter, geradezu an und macht besonders Kindern viel Vergnügen.

Süße Beeren – mit und ohne Stacheln

Jostabeere

Ribes x *nidigrolaria*

Höhe: 1,5–2 m
Erntezeit: Juli

Anbauen: am besten im Herbst pflanzen und dabei die Triebe auf ca. 5 Knospen pro Trieb einkürzen; 2–2,5 m^2 Standraum veranschlagen
Boden: nährstoffreich, humos
Pflegen: nach ca. 3 Jahren die starkwüchsigen Sträucher immer wieder auslichten; alte Triebe am Boden zurückschneiden; eine Mulchschicht ist günstig, da die Sträucher flachwurzelnd sind; im Frühjahr kalibetont und chloridfrei düngen
Verwerten: die sehr großen, vitaminreichen Beeren können frisch verzehrt, zu Marmelade, Saft oder Dessert verarbeitet werden

Expertentipp

Jostabeeren haben eine gute Gesundheit und hohe Widerstandsfähigkeit gegenüber Mehltau und Gallmilben.

Rote Johannisbeere

Ribes rubrum

Höhe: 1,5 m
Erntezeit: Juni–August

Anbauen: am besten im Herbst pflanzen und dabei die Triebe auf ca. 5 Knospen pro Trieb einkürzen; 1,5 – 2 m^2 Standraum veranschlagen; selbstbefruchtend, aber ertragreicher bei Fremdbefruchtung
Boden: nährstoffreich, humos, ausreichend feucht
Pflegen: alte (ca. 5-jährige) Triebe nach der Ernte oder im Winter (März) bis zum Boden zurückschneiden; jedes Jahr 2–3 neue Triebe nachziehen; eine Mulchschicht ist günstig, da die Sträucher flachwurzelnd sind; im Frühjahr kalibetont und chloridfrei düngen
Verwerten: die Beeren können frisch verzehrt, zu Gelee, Saft oder Dessert verarbeitet werden

Expertentipp

Schwarze und Weiße Johannisbeeren werden ebenso angebaut und gepflegt wie Rote Johannisbeeren.

Stachelbeere

Ribes uva-crispa

Höhe: 1,5 m
Erntezeit: Juni–Juli

Anbauen: im Herbst pflanzen; brauchen pro Pflanze einen Standraum von ca. 1,5–2 m^2; meist selbstbefruchtend, bei Fremdbefruchtung erfolgen jedoch sicherere Erträge
Boden: nährstoffreich, humos, durchlässig, nicht zu trocken
Pflegen: regelmäßiges Entfernen und Auslichten alter Triebe im Winter (März); Kompostgaben; mulchen
Verwerten: die Beeren können frisch verzehrt, zu Marmelade und Wein verarbeitet oder eingekocht werden (dann noch grün bzw. halbreif ernten, weil die Beeren dann weniger sauer sind und weniger Zucker benötigen)

sonnig | halbschattig | schattig | viel gießen | mäßig gießen

Brombeere

Rubus fruticosus

Höhe: 3–5 m
Erntezeit: Juli–Oktober

Anbauen: im Frühjahr im Abstand von 1–1,5 m pflanzen, Basisknospen ca. 5 cm mit Erde bedecken; einen Standraum von 1,5–2 m² pro Pflanze veranschlagen; an 2–3 Spanndrähten bis zur Höhe von 1,6 m ziehen; selbstbefruchtend
Boden: locker, humos, ausreichend feucht, aber keinesfalls staunass
Pflegen: im August Seitentriebe der Ranken auf 3 Knospen einkürzen; nach der Ernte die abgetragenen Triebe abschneiden und als Winterschutz im Spalier hängen lassen
Verwerten: die Beeren erscheinen an den zweijährigen Trieben und können frisch verzehrt, zu Marmelade, Gelee, Saft oder Wein verarbeitet werden

Expertentipp

Es gibt auch stachellose Sorten, die jedoch oft weniger aromatisch sind.

Taybeere

Rubus fruticosus x *Rubus idaeus*

Höhe: 3–4 m
Erntezeit: Juli–August

Anbauen: im Frühjahr im Abstand von 1–1,5 m pflanzen, Basisknospen ca. 5 cm mit Erde bedecken; einen Standraum von 1–1,5 m² pro Pflanze veranschlagen; 5–6 kräftige Triebe an 2–3 Spanndrähten bis zur Höhe von 1,6 m ziehen, selbstbefruchtend
Boden: locker, humos, ausreichend feucht, nicht staunass
Pflegen: im August Seitentriebe der Ranken auf 3 Knospen einkürzen, die abgetragenen Triebe des letzten Jahres im Frühjahr abschneiden
Verwerten: die großen Früchte erscheinen an den zweijährigen Trieben und schmecken roh etwas fad; sie lassen sich jedoch hervorragend zu Gelee, Marmelade oder Saft verarbeiten

Expertentipp

Setzen Sie Taybeeren an eine geschützte Stelle, da das Holz frostempfindlich ist.

Himbeere

Rubus idaeus

Höhe: 1,5–2 m
Erntezeit: Juni–Juli

Anbauen: im Herbst oder Frühjahr pflanzen, die Basisknospen 5 cm mit Erde bedecken; einen Standraum von 1–2 m² pro Pflanze veranschlagen; an 2–3 waagerechten Drähten ziehen, ideal auch als V-förmiges Spalier in Nord-Süd-Richtung; selbstbefruchtend
Boden: nährstoffreich, durchlässig, humos, pH-Wert ca. 6, ausreichend feucht, nicht staunass
Pflegen: mit Laub- oder Rindenkompost mulchen; mäßig düngen (kalibetont, chloridfrei)
Verwerten: die Früchte entstehen an den zweijährigen Trieben, die beim Ernten gleich mit abgeschnitten werden; für Frischverzehr, Gelee-, Marmeladen-, Saft- oder Weinzubereitung geeignet

Expertentipp

Es gibt auch zweimal tragende Sorten (beim Schnitt beachten!).

Beeren am Boden und am Spalier

Kiwi

Actinidia chinensis

Höhe: 4–8 m
Erntezeit: Oktober–November

Anbauen: im späten Frühjahr (Mai) im Abstand von 3– 4 m an (wind-) geschützte SO- oder SW-Wände pflanzen; ca. 20 m^2 Standraum pro Pflanze veranschlagen; es müssen männliche und weibliche Pflanzen gesetzt werden (manchmal sind beide auch auf eine Pflanze veredelt)
Boden: humos, tiefgründig, pH-Wert ca. 6, ausreichend feucht
Pflegen: Triebe hochbinden; erst bei nachlassender Fruchtgröße Seitentriebe im Juni nach dem 6. Blatt über den Früchten kappen; Dünger/Kompostgaben im Frühjahr und im Juni; Winterschutz zumindest in den ersten Standjahren; Früchte vor Sonnenbrand schützen
Verwerten: frisch verzehren oder zu Marmelade oder Bowle verarbeiten

Expertentipp

Gut ausgereifte Früchte sind im Kühlschrank 5–6 Monate lagerfähig.

Schwarze Apfelbeere

Aronia melanocarpa

Höhe: 1–1,5 m
Erntezeit: August

Anbauen: im Herbst oder Frühjahr im Abstand von 100 x 100 cm pflanzen; bildet viele Ausläufer, die von der Mutterpflanze abgetrennt und wieder eingesetzt werden können; selbstbefruchtend
Boden: wächst auf fast allen Böden
Pflegen: der breitbuschig wachsende Strauch ist anspruchslos und frosthart; er benötigt keinen regelmäßigen Schnitt (nur abgestorbene Triebe entfernen)
Verwerten: die zur Vollreife glänzend schwarzen, herb-säuerlichen Früchte sind ausgesprochen vitaminreich und können zu Kompott, Marmelade, Fruchtdesserts oder Saft verarbeitet werden

Erdbeere

Fragaria x ananassa

Höhe: 15–25 cm
Erntezeit: Juni–Juli

Anbauen: im Juli/August in Reihen pflanzen; 40–60 cm Abstand in der Reihe und 25 cm Abstand zur Nachbarreihe, Herzknospe nicht zu tief setzen; meist selbstbefruchtend
Boden: humos, durchlässig, pH-Wert ca. 6
Pflegen: Kompost- oder Langzeitdüngergabe im Frühjahr und im Juli/August; mulchen; nach Fruchtansatz mit Stroh unterlegen; im Juni/Juli Ausläufer zur Neupflanzung abnehmen bzw. auf jeden Fall entfernen; im August/September gut gießen
Verwerten: die reifen Früchte können frisch verzehrt oder zu Marmelade, Gelee, Kuchenbelag oder Bowle verarbeitet werden

Expertentipp

Es gibt auch Sorten, die im Herbst ein zweites Mal tragen, jedoch meist nur ein Jahr kultiviert werden.

sonnig | halbschattig | schattig | viel gießen | mäßig gießen

Kultur-Heidelbeere

Vaccinium corymbosum

Höhe: 40–80 cm
Erntezeit: Juli–September

Anbauen: im Herbst oder Frühjahr im Abstand von 100 x 200 cm pflanzen; meist selbstbefruchtend, jedoch ertragreicher, wenn mehrere Sorten gepflanzt werden
Boden: humos, durchlässig, sauer (pH-Wert 4–5)
Pflegen: mulchen; nach den ersten Standjahren regelmäßig auslichten, alte Triebe entfernen; im April chloridfrei düngen; 3–5 Wochen vor der Ernte ausreichend wässern
Verwerten: erst nach ca. 5 Jahren Standzeit tragen die Sträucher reichlich Früchte, die frisch verzehrt oder zu Marmelade, Gelee, Kuchenbelag, Saft oder Wein verarbeitet werden können

Expertentipp

Setzen Sie einzelne Sträucher in Gefäße mit Walderde und Rindenkompost und graben Sie sie ein.

Preiselbeere

Vaccinium vitis-idaea

Höhe: 15–30 cm
Erntezeit: Juli und Oktober

Anbauen: im Herbst oder Frühjahr im Abstand von 30 x 30 cm pflanzen; meist selbstbefruchtend, jedoch ertragreicher, wenn mehrere Sorten gepflanzt werden
Boden: humos, pH-Wert 3–5
Pflegen: nur gelegentlich alte und abgestorbene Triebe entfernen; mit Rindenkompost, Walderde o. ä. mulchen; vor Winterbeginn nochmals ausreichend wässern
Verwerten: die säuerlich-herben, vitaminreichen Früchte können frisch verzehrt oder zu Marmelade, Kompott, Kuchenbelag verarbeitet werden

Expertentipp

Preiselbeeren eignen sich gut als niedrige Unterpflanzung für Kultur-Heidelbeeren.

Tafeltraube

Vitis vinifera

Höhe: 2–6 m
Erntezeit: August–Oktober

Anbauen: im Frühjahr pflanzen; einen Standraum von 2,5–4 m^2 pro Pflanze veranschlagen; beim Pflanzen auf das erste Auge zurückschneiden und Veredlungsstelle leicht mit Erde bedecken; auf jeden Fall geschützte, windstille Plätze in Süd-, Südost- oder Südwestlage wählen; selbstbefruchtend
Boden: durchlässig, keine Staunässe und extreme Trockenheit, ansonsten anspruchslos
Pflegen: regelmäßig im Frühjahr Triebe auf 2–4 Augen pro Austrieb einkürzen; nach dem Austreiben waagerecht oder fächerförmig an Drähte heften; im Juli nicht tragende Triebe und Laub einkürzen, damit die Früchte ausreichend Sonne zum Ausreifen bekommen
Verwerten: die reifen Früchte eignen sich zum Frischverzehr oder zur Herstellung von Saft und Wein

Obst von A(pfel) bis Z(wetsche)

Quitte

Cydonia oblonga

Höhe: 2–5 m
Erntezeit: Oktober

Anbauen: im Herbst oder Frühjahr pflanzen; einen Standraum von ca. 5–25 m^2 für den stark wachsenden Baum veranschlagen; selbstbefruchtend
Boden: durchlässig, nicht zu kalkreich, nicht zu trocken
Pflegen: anspruchslos; ein fachgerechter Pflanzschnitt und das gelegentliche Auslichten des alten Holzes sind ausreichend
Verwerten: die apfel- oder birnenförmigen, aromatischen Früchte sind nur gekocht genießbar und können zu Kompott, Marmelade, Gelee (eher früher ernten) oder Mischsäften mit Äpfeln oder Birnen oder Likör (etwas später ernten) verarbeitet werden

Expertentipp

Mit ihren großen weißen Blüten sind Quitten auch wundervolle Blütenbäume.

Apfel

Malus 'Winterglockenapfel'

Höhe: 5–8 m je nach Wuchsform
Erntezeit: Oktober

Anbauen: im Herbst oder Frühjahr pflanzen; einen Standraum von ca. 20 m^2 für die sehr starkwüchsige Sorte veranschlagen; für Spindel oder Busch eher ungeeignet; eine andere Sorte als Pollenspender pflanzen (z. B. 'Gloster')
Boden: humusreich, lehmig, feucht
Pflegen: ein fachgerechter Pflanzschnitt und regelmäßiges Auslichten sind ratsam
Verwerten: die Früchte können frisch verzehrt, zu Kompott oder Saft verarbeitet, aber auch eingelagert werden

Expertentipp

Beachten Sie, dass zum Einlagern der Äpfel die Temperatur nicht unter 4 °C fallen sollte.

Süßkirsche

Prunus avium

Höhe: 2– 10 m je nach Wuchsform
Erntezeit: Mai–Juli

Anbauen: im Herbst oder Frühjahr mit einem Standraum von ca. 20 m^2 pro Baum pflanzen und eine Pollenspendersorte dazusetzen, die zur selben Zeit blüht; gute Befruchtersorten sind 'Van' und 'Hedelfinger'
Boden: leicht, sandig bis lehmig, durchlässig, gut durchlüftet, nicht staunass
Pflegen: fachgerechter Pflanzschnitt; gelegentliches Auslichten kurz nach der Ernte; im Winter Stämme gegen Frostrisse kalken; Blüte spätfrostempfindlich
Verwerten: die »Knorpelkirschen« haben ein eher knackiges Fleisch, die »Herzkirschen« ein weiches, weshalb sie bei viel Regen nicht so schnell aufplatzen; Früchte für Frischverzehr und zur Bereitung von Gelee, Kompott, Kuchen und Saft geeignet

sonnig | halbschattig | schattig | viel gießen | mäßig gießen

Sauerkirsche

Prunus cerasus

Höhe: 2–10 m je nach Wuchsform
Erntezeit: Juli–August

Anbauen: im Herbst oder Frühjahr mit einem Standraum von ca. 10–15 m² pro Baum pflanzen; die meisten Sorten sind selbstbefruchtend; 'Schattenmorelle' ist eine gute Befruchtersorte
Boden: durchlässig, auch auf leichten Sandböden, nicht zu nass
Pflegen: fachgerechter Pflanzschnitt und regelmäßiger Verjüngungsschnitt, v. a. die abgeernteten, herabhängenden Zweige zurückschneiden; sehr frosthart
Verwerten: das saftige, säuerliche Fruchtfleisch ist weich und platzt daher bei Regen kaum auf; reife Früchte für Frischverzehr und zur Herstellung von Gelee, Kompott, Kuchen und Saft geeignet

Hauszwetsche

Prunus domestica 'Hauszwetsche'

Höhe: 2–8 m je nach Wuchsform
Erntezeit: September–Oktober

Anbauen: Pflanzung im Herbst oder Frühjahr mit ca. 20 m² Standraum pro Pflanze; die Sorte ist selbstbefruchtend
Boden: sandig bis lehmig, durchlässig, gut durchlüftet, verträgt auch feuchtere und etwas schwerere Böden
Pflegen: rasch- und starkwüchsig, ertragreich; fachgerechter Pflanzschnitt und ein gelegentlicher Verjüngungsschnitt sind ratsam
Verwerten: die saftigen, gut steinlösenden Früchte können frisch verzehrt oder zu Kuchen, Kompott, Marmelade, Zwetschgenmus und Saft verarbeitet werden

Birne

Pyrus 'Conference'

Höhe: 2–8 m je nach Wuchsform
Erntezeit: September

Anbauen: im Herbst oder Frühjahr mit einem Standraum von 5–12 m² pflanzen; am besten als Spalierbaum, da die Früchte dann besser ausreifen; eine andere Sorte als Pollenspender setzen, z. B. 'Gute Luise' oder 'Köstliche aus Charneu'
Boden: tiefgründig, nährstoffreich, warm, geschützt
Pflegen: fachgerechter Pflanzschnitt und regelmäßiger Auslichtungsschnitt sind ratsam
Verwerten: die sehr saftigen, aromatischen Früchte sind etwas lagerfähig, wenn sie noch hart gepflückt werden; ansonsten für Frischverzehr, Kompott und Saft

Expertentipp

Sehr steil stehende Astgabeln sollten Sie durch entsprechenden Schnitt vermeiden, da sie leicht ausbrechen.

Süßes Obst für sonnenverwöhnte Plätze

Aprikose, Marille
Prunus armeniaca

Höhe: 1,5–4 m je nach Wuchsform
Erntezeit: Juli–August

Anbauen: im Herbst oder Frühjahr pflanzen; einen Standraum von ca. 15 m² veranschlagen; gute Standorte sind leicht geneigte Nordhänge, weil die Bäume dort nicht so früh austreiben, Holz und Blüte sind frostgefährdet; selbstbefruchtend
Boden: locker, lehmig, ausreichend durchfeuchtet
Pflegen: fachgerechter Pflanzschnitt, ansonsten wenig schneiden; Stämme im Winter gegen Frostschäden kalken; Wandspaliere im Frühjahr mit Sonnenschutz versehen, damit sie nicht so früh austreiben
Verwerten: die aromatischen, meist gut steinlösenden Früchte eignen sich zum Frischverzehr, für Kuchen, Kompott, Marmelade, Gelee, Saft und Likör

Mirabelle
Prunus domestica 'Mirabelle Nancy'

Höhe: 1,5–6 m je nach Wuchsform
Erntezeit: August/September

Anbauen: im Herbst oder Frühjahr pflanzen; pro Pflanze einen Standraum von 20 m² veranschlagen; die Sorte ist selbstbefruchtend
Boden: sandig bis lehmig, durchlässig, gut durchlüftet, etwas feucht
Pflegen: ein fachgerechter Pflanzschnitt und gelegentliches Auslichten sind ratsam; der starkwüchsige Baum bildet eine breite Krone aus; bei viel Regen können die Früchte vermehrt platzen
Verwerten: die aromatischen, gut steinlösenden Früchte eignen sich zum Frischverzehr, für Kompott, Marmelade, Gelee, Saft und Likör

Reneklode
P. domestica 'Oullins Reneclaude'

Höhe: 2–8 m je nach Wuchsform
Erntezeit: August

Anbauen: im Herbst oder Frühjahr pflanzen; pro Pflanze einen Standraum von 20 m² veranschlagen; die Sorte ist selbstbefruchtend
Boden: sandig bis lehmig, durchlässig, gut durchlüftet, etwas feucht
Pflegen: rasch- und starkwüchsig, robust und ertragreich, bildet eine große Krone aus; ein fachgerechter Pflanzschnitt und gelegentliches Auslichten sind ratsam; bei viel Regen können die Früchte vermehrt platzen
Verwerten: die süßen, saftigen Früchte werden hauptsächlich frisch verzehrt oder zu Kompott, Marmelade oder Saft verarbeitet

Expertentipp

Mit einem Anbau am Spalier erzielen Sie wesentlich bessere Erträge.

sonnig | halbschattig | schattig | viel gießen | mäßig gießen

Pfirsich

Prunus persica

Höhe: 2–6 m je nach Wuchsform
Erntezeit: Juli–September

Anbauen: im Frühjahr an einen windgeschützten Standort pflanzen und einen Standraum von ca. 15 m^2 pro Pflanze veranschlagen; nur in klimatisch milden Gegenden anbauen; meist selbstbefruchtend, jedoch sicherere Erträge, wenn eine zweite Sorte gepflanzt wird
Boden: durchlässig, nährstoffreich, humos, verträgt keine Staunässe oder extreme Trockenheit
Pflegen: im Frühjahr ist ein regelmäßiger Schnitt erforderlich, da die Pflanze nur an den letztjährigen Trieben blüht und fruchtet; Fruchtausdünnung bei zu starkem Behang; Kompostgaben; Wässern zur Fruchtausbildung
Verwerten: Früchte zum Frischverzehr, für Kompott oder Saft

Expertentipp

Wählen Sie weißfleischige Sorten, die weniger anfällig für die Kräuselkrankheit sind.

Nektarine

Prunus persica var. *nucipersica*

Höhe: 2–5 m je nach Wuchsform
Erntezeit: Juli–August

Anbauen: im Frühjahr an einen windgeschützten Standort pflanzen; einen Standraum von ca. 10 m^2 pro Pflanze veranschlagen; nur in klimatisch milden Gegenden anbauen; meist selbstbefruchtend, jedoch sicherere Erträge, wenn eine zweite Sorte gepflanzt wird
Boden: durchlässig, nährstoffreich, humos, verträgt keine Staunässe und extreme Trockenheit
Pflegen: im Frühjahr ist ein regelmäßiger Schnitt erforderlich, da die Pflanze nur an den letztjährigen Trieben blüht und fruchtet; Fruchtausdünnung bei zu starkem Behang; Kompostgaben; Wässern zur Fruchtausbildung
Verwerten: die saftigen, aromatischen Früchte werden frisch verzehrt oder für Desserts verwendet

Weitere Obstsorten

Sorten	Eigenschaften
'Bruno'	mittelstark wachsende Kiwi; nur in warmen Gegenden ertragreich; Frucht länglich
"Boskoop's Glorie'	mehltauresistente blaue Tafeltrauben
'Phoenix'	mehltauresistente weiße Tafeltrauben
'Retina'	typische, besonders krankheitsresistente Spätsommerapfelsorte zum baldigen Verzehr; pflückreif August–September
'Waltz'	Spätsommerapfelsorte vom »Ballerina-Typ«; pflückreif September–Oktober, lagerfähig
'Frühe aus Trevoux'	ertragreiche Birnensorte zum baldigen Verbrauch; pflückreif Anfang September, genussreif 2 Wochen nach der Ernte
'Pastorenbirne'	typische Winterbirnensorte zum Lagern mit großen Früchten; pflückreif ab Oktober, genussreif Dezember–Januar; für warme Standorte
'Konstantinopeler Quitte'	sehr aromatische, robuste, anspruchslose Apfelquitte
'Bereczki-Quitte'	Birnenquitte, etwas weniger aromatisch, aber leichter zu verarbeiten als Apfelquitte, da nicht so hart
'Ontariopflaume'	große, ovale, grüngelbe, aromatische Pflaume; reif im August; selbstbefruchtend
'Ungarische Beste'	mittelgroße, runde, gelbe Aprikose mit roten Backen, fest, saftig; reif im August
'Große Grüne Reneclaude'	große, runde, gelbgrüne Reneklaude, bei Vollreife violettrot, fest, saftreich; reif im August–September
'Früher Roter Ingelheimer'	mittelgroßer, gelbroter Pfirsich mit weißlichgelbem Fruchtfleisch, saftig, aromatisch; reif im Juli–August

Salate & Gemüse – garantiert gartenfrisch!

Gemüse und Salat bekommen Sie wahrscheinlich im Laden selten so frisch und knackig wie aus dem eigenen Garten – weshalb sich der Anbau Ihrer Lieblingssalate und Lieblingsgemüse schon auf kleinen Flächen lohnt.
Haben Sie ausreichend Platz in Ihrem Küchengarten und Lust auf mehr, dann steigen Sie tiefer ins vielfältige Gemüsesortiment ein.
Je größer die Artenvielfalt im Garten ist, umso besser wächst und gedeiht es auf Ihren Beeten.

Selbst wer kein großer Fan von Gemüse ist oder aus Zeitgründen keinen umfangreichen Nutzgarten pflegen möchte, kann sich zumindest mit frischen Salaten aus dem eigenen Garten versorgen.

Ab Mai beginnt die Salatsaison im Garten

Ab Mai können Sie bereits ein vielfältiges Salatsortiment im Garten aussäen oder anpflanzen. Schnitt- und Pflücksalate sind am einfachsten zu kultivieren und können außerdem über längere Zeit laufend geerntet werden. Viele Arten und Sorten, z. B. Endivie, Feldsalat und Rukola, liefern sogar noch lange in den Herbst und Winter hinein gesundes Grün, können mit einer Vlies- oder Reisigabdeckung überwintern und dann im zeitigen Frühjahr bereits schon wieder geerntet werden.

Gemüse von altbekannt bis trendig

Welches Gemüse Sie in Ihrem Garten kultivieren, richtet sich in erster Linie nach dem Platz, Ihren persönlichen Vorlieben und der Zeit, die Sie für die Pflege Ihres Gemüsegartens aufbringen möchten.
Völlig unproblematisch und schnell wachsend sind z. B. Radieschen und Kresse. Sie wachsen auch auf kleinen Flächen oder in den Lücken zwischen anderem Gemüse, aber auch im Blumenkasten. Wollen Sie länger etwas von Ihrem Gemüse haben, sollten Sie ein Beet für Grün- und Rosenkohl reservieren, die Sie sogar noch nach den ersten Frösten und im Winter ernten und einlagern können. Oder vielleicht soll's eher knackiges Sommergemüse, extravagantes Trendgemüse oder scharfes Lauch- und Zwiebelgemüse sein?
Haben Sie sich Ihre Lieblingsgemüsearten ausgesucht, dann überlegen Sie, welche Arten Sie am besten zusammen auf ein Beet setzen, damit in Ihrem Küchengarten alles gesund und prächtig gedeiht.

Bunte Sommersalate

Radicchio

Cichorium intybus var. *foliosum*

Pflanzabstand: 25 x 20 cm
Erntezeit: September–März

Anbauen: für eine Ernte im selben Jahr vorgezogene Jungpflanzen von Ende April–Ende Juli setzen; für Überwinterung und Frühjahrsernte im Juli/August direkt aussäen, nach dem Aufgehen auf 12 cm vereinzeln
Boden: humos, tiefgründig, nicht zu trocken
Pflegen: vor dem Pflanzen Kompost in den Boden einarbeiten, ca. 3 Wochen danach Kopfdüngung (wenig Stickstoff); Blätter der Wintersorten im Spätherbst auf 1/3 einkürzen, mit Reisig oder Vlies abdecken
Ernten: bei Wintersorten im Frühjahr die neu austreibenden Rosetten ernten; nicht in praller Sonne ernten

Expertentipp

Achtung: Es gibt Sorten, die offene Blattrosetten und andere, die kleine Köpfe ausbilden.

Kopfsalat

Lactuca sativa var. *capitata*

Pflanzabstand: 25 x 25 cm
Erntezeit: Mai–Oktober

Anbauen: ideale Kultur für die erste und letzte Nutzung von Frühbeet, Gewächshaus oder Folientunnel im Frühjahr und Herbst; ab Februar/März aussäen, in Töpfe pikieren, ab 4 Laubblättern pflanzen (nicht zu tief!); ab Mai ins Freie; Folgesaaten alle 2–3 Wochen bis Juli
Boden: humos, durchlässig, nicht zu trocken, kalkhaltig
Pflegen: vor dem Pflanzen den Boden mit Kompost anreichern; ca. 3 Wochen danach Kopfdüngung (wenig Stickstoff); mulchen
Ernten: ernten, wenn sich feste Köpfe gebildet haben, neigt sonst zum Schossen; Salat ist nitratärmer, wenn er nachmittags geerntet wird

Expertentipp

Wählen Sie passende Früh-, Sommer- und Herbstsorten, damit es zu keinem »Salat-Engpass« kommt.

Eissalat/Krachsalat

Lactuca sativa var. *capitata*

Pflanzabstand: 30 x 40 cm
Erntezeit: Mai–Oktober

Anbauen: vorgezogene Jungpflanzen ab Mitte Mai setzen oder ab März im Gewächshaus oder unter Folie selbst aussäen und pikieren; Folgesaaten alle 2–3 Wochen bis Juli
Boden: humos, durchlässig, nicht zu trocken
Pflegen: vor dem Pflanzen Kompost einarbeiten; ca. 3 Wochen danach Kopfdüngung (wenig Stickstoff, sonst Nitratanreicherung im geernteten Salat); mulchen
Ernten: schosst nicht so schnell wie Kopfsalat, kann daher länger auf dem Beet bleiben; erntereife Köpfe je nach Sorte sehr fest und schwer; achten Sie darauf, dass die Köpfe bei der Ernte fest sind, aber noch nicht anfangen, spitz auszulaufen

sonnig | halbschattig | schattig | viel gießen | mäßig gießen

Pflücksalat

Lactuca sativa var. *crispa*

Pflanzabstand: 30 x 30 cm
Erntezeit: Mai–September

Anbauen: von März bis Ende Juli direkt aufs Beet säen oder vorgezogene Jungpflanzen von April bis Anfang August setzen
Boden: humos, durchlässig, nicht zu trocken, kalkhaltig
Pflegen: vor dem Pflanzen den Boden mit Kompost anreichern; wenig Stickstoff zuführen; mulchen
Ernten: mehrmals einzelne Blätter ernten, die ständig nachwachsen, wenn der Herztrieb beim Ernten nicht verletzt wird, oder auch die ganze junge Pflanze abschneiden; nitratärmer, wenn Sie nachmittags ernten

Expertentipp

Die rotblättrigen Sorten färben sich bei großen Temperaturunterschieden zwischen Tag und Nacht stärker aus.

Römischer Salat/Bindesalat

Lactuca sativa var. *longifolia*

Pflanzabstand: 30 x 30 cm
Erntezeit: Juni–August

Anbauen: vorgezogene Jungpflanzen ab Mai auspflanzen oder an Ort und Stelle aussäen, letzter Saat- und Pflanztermin Mitte/Ende Juli
Boden: humos, durchlässig, nicht zu trocken, kalkhaltig
Pflegen: vor dem Pflanzen Kompost in den Boden einarbeiten; nur wenig Stickstoff düngen; mulchen
Ernten: schosst nicht so schnell wie Kopfsalat, kann daher länger auf dem Beet bleiben; bildet längliche, hochgeschlossene Köpfe, die je nach Sorte mehr oder weniger fest geschlossen sind

Expertentipp

Der Bindesalat ist wegen seiner Hitzeverträglichkeit und Schossfestigkeit ideal für den Sommeranbau.

Weitere Sommersalate

Sorten	Eigenschaften
'Maikönig'	frühester Kopfsalat für Freilandanbau; feste, gelbgrüne Köpfe mit rotem Blattrand
'Newton'	besonders fester Kopfsalat für frühen Freiland- und Sommer-/Herbstanbau
'Ovation'	besonders fester, widerstandsfähiger Kopfsalat für frühen Freiland- und Sommer-/Herbstanbau
'Pirat'	mittelfrüher Sommer(kopf)salat; mittelgroße, braunrote Köpfe
'Rotkäppchen'	Kopfsalat mit braunroten Blättern; für die ganze Freilandsaison
'Laibacher Eis'	goldgelber Eissalat mit braunem Rand
'Pablo'	rotbrauner Eissalat
'Sioux'	rotbrauner Eissalat für Frühjahr und Herbst
'Fredo'	dunkelgrüner Römischer Salat; knackig, Mehltau tolerant
'Little Leprechaun'	braunroter Römischer Salat, für Frühjahr-, Frühsommer- und Herbstanbau
'Valmaine'	großer, sehr widerstandsfähiger Römischer Salat; für Frühjahr-, Frühsommer- und Herbstanbau
'Teufelsohren'	granatroter Romanasalat
'Roter von Verona'	Radicchio zum Überwintern; bildet im Herbst grüne, erst im folgenden Frühjahr rote Blätter
'Palla rossa'	Radicchio mit weinrot oder rot-grün gesprenkelten Blättern
'Feuille de chêne rouge'	braunroter Eichblattsalat
'Red sails'	intensiv roter Eichblattsalat
'Lollo rosso'	rotbrauner Pflücksalat
'Lollo bionda'	gelbgrüner Pflücksalat

Salatvergnügen im Winter

Endiviensalat

Cichorium endivia

Pflanzabstand: 30 x 40 cm
Erntezeit: Juni–November

Anbauen: im April (Sommerendivie) oder Juni (Winterendivie) aussäen, Anfang August pflanzen (nicht zu tief!), ab Mai ins Freie; Folgesaaten alle 2–3 Wochen; bei früher Pflanzung (April/Mai) mit Folie oder Vlies abdecken; Wintersorten gut für Anbau im Frühbeet oder Folientunnel geeignet; mindestens 4 Jahre Anbaupause einhalten
Boden: humos, durchlässig, nicht zu trocken, tiefgründig
Pflegen: Düngung auf zwei Gaben verteilen, keinen frischen organischen Dünger und nur wenig Stickstoff geben; mulchen
Ernten: durch Zusammenbinden der fertigen Köpfe oder enges Pflanzen erhalten Sie besonders helle, zarte Innenblätter

Expertentipp

Beachten Sie, dass die Frisée-Sorten mit gekrausten Blättern etwas nässeempfindlicher sind.

Löffelkraut

Cochlearia officinalis

Pflanzabstand: 15 x 20 cm
Erntezeit: Mai–Oktober

Anbauen: im April/Mai oder August/September ca. 1 cm tief ins Freie säen, locker mit Erde bedecken und anschließend mit einem Holzbrett festdrücken; gut wässern, bis zum Aufgehen der Pflänzchen nicht austrocknen lassen
Boden: humos, nicht zu leicht, ausreichend feucht; wächst gut an Bach- oder Teichrändern
Pflegen: regelmäßig von Unkraut befreien, insbesondere nochmals vor der Überwinterung; ab Mitte Dezember abdecken
Ernten: die Pflanze ist winterhart, überdauert mehrere Jahre und kann den ganzen Winter über frisch geerntet werden; es werden laufend die unteren Blätter geerntet

Expertentipp

In einer Glasschale gekeimte Samen können wie Sprossen verwendet werden.

Salatrauke/Rukola

Eruca sativa ssp. *sativa*

Pflanzabstand: 15 x 20 cm
Erntezeit: Mai–Oktober

Anbauen: von März bis September ca. 1 cm tief in Reihen aussäen, leicht mit Erde bedecken und gleichmäßig feucht halten Folgesaaten alle 2 Wochen; frisches Saatgut keimt nur schlecht; jährlich die Anbaufläche wechseln
Boden: humos, durchlässig, nicht zu trocken
Pflegen: anspruchslos, braucht keine Düngung; für Winterernte Pflanzen mit Vlies oder Reisig abdecken
Ernten: ab 15–20 cm Bestandshöhe laufend junge Blätter vor der Blüte ernten; nicht zu tief abschneiden, damit die Pflanze weiterwächst, wegen möglicher Nitratanreicherung in den Blättern möglichst nachmittags an sonnigen Tagen ernten

Expertentipp

Die Wilde Rauke (Eruca selvatica) mit gezähntem Laub wächst langsamer.

sonnig · halbschattig · schattig · viel gießen · mäßig gießen

Gartenkresse

Lepidium sativum

Reihenabstand: 10 cm
Erntezeit: Mai–Oktober

Anbauen: von März–September direkt ins Freie säen, Samen in Reihen ausstreuen und leicht andrücken, mit etwas Erde abdecken, kräftig angießen; Folgesaaten alle 2 Wochen; Standort nach 2–3 Jahren wechseln; Kressekultur auch im Gewächshaus, im Frühbeet und auf der Fensterbank möglich (in Saatschalen auf feuchtem Vliespapier u. ä.)
Boden: humos, durchlässig
Pflegen: völlig anspruchslos, braucht keine Düngung und keimt sehr schnell
Ernten: bereits nach 2–3 Wochen können Sie das erste Grün ernten

Expertentipp

Mit Kresse lassen sich im Beet und auf Schalen oder extra »Kressetieren« aus Ton sehr schöne Muster und Formen aussäen.

Winterspinat

Spinacia oleracea

Pflanzabstand: 20 x 3 cm
Erntezeit: April–Dezember

Anbauen: von September–Anfang Oktober ca. 3–4 cm tief im Freien aussäen; mindestens 3 Jahre Anbaupause (auch nach Mangold oder Rote Bete) einhalten
Boden: humos, nicht zu trocken, tiefgründig, kalkhaltig
Pflegen: gleichmäßig feucht halten (senkt die Nitratanreicherung); regelmäßig hacken (Bodenlockerung, Unkrautbekämpfung); Kompost einarbeiten; nur wenig Stickstoff düngen; mit Reisig oder Vlies abdecken oder unter Folientunnel oder im Gewächshaus kultivieren
Ernten: vor dem Erscheinen der ersten Blütenknospen ernten (wird sonst bitter); kann als Gemüse und Salat verwendet werden

Expertentipp

Es gibt auch Sorten für den Früh-, Sommer- und Herbstanbau.

Feldsalat/Ackersalat

Valerianella locusta

Pflanzabstand: 15 x 3 cm
Erntezeit: Oktober–März

Anbauen: für die Sommer- und Herbsternte im Juli/ August ca. 2 cm tief ins Freie säen; im September aussäen zur Überwinterung; sehr lockeren Boden vor der Saat mit einem Holzbrett festdrücken; die Saat bis zum Aufgehen der Pflänzchen nicht austrocknen lassen; verwenden Sie am besten mehltauresistente Sorten
Boden: humos, nicht zu leicht, kalkhaltig
Pflegen: regelmäßig von Unkraut befreien, vor allem auch vor der Überwinterung; ab Mitte Dezember mit Vlies oder Reisig abdecken
Ernten: den ganzen Winter über frisch ernten; so abschneiden, dass die Rosetten erhalten bleiben

Asiatische Gemüse und Salate

Essbarer Zierkohl

Brassica oleracea 'Kyoti'

Pflanzabstand: 40 x 50 cm
Ernetezeit: August–Dezember

Anbauen: im Juni ins Frühbeet oder ins Freie säen und die Samen in zweifacher Samenstärke mit Erde bedecken, andrücken und gleichmäßig feucht halten; Jungpflanzen Ende Juni/Juli pikieren; mindestens 4 Jahre Anbaupause (auch zu anderen Kohlarten, Spinat, Rettich) einhalten
Boden: humus- und strukturreich, nicht zu trocken, kalkhaltig
Pflegen: Boden gleichmäßig feucht halten (mulchen); organisch und mineralisch düngen, ausreichend mit Stickstoff versorgen
Ernten: die Blätter färben sich erst in ihren typischen Farben (weiß, rosa, violett) aus, wenn die Nachttemperaturen auf 10 °C sinken

Expertentipp

Die dekorative Pflanze für Garten, Balkon und Terrasse überrascht mit einem zarten Brokkoli-Aroma.

Chinakohl

Brassica rapa ssp. *chinensis*

Pflanzabstand: 30 x 40 cm
Erntezeit: Juni–Dezember

Anbauen: ab April im Gewächshaus oder Frühbeet aussäen oder von Anfang Juli bis Anfang August 2–3 cm tief direkt ins Freie säen; Pflanzen nach dem Auflaufen vereinzeln; mindestens 3 Jahre Anbaupause (auch zu anderen Kohlarten, Spinat, Rettich) einhalten
Boden: humus- und strukturreich, nicht zu trocken, kalkhaltig
Pflegen: Boden gleichmäßig feucht halten (mulchen); organisch und mineralisch düngen (Starkzehrer), ausreichend Stickstoff; zur Hauptwachstumszeit ausreichend wässern
Ernten: ernten, wenn sich schöne große Köpfe gebildet haben; der Blütentrieb im Inneren des Kopfes sollte nicht länger als 5–10 cm sein; manchmal ist eine Ernte bis in den Winter hinein möglich, da die Pflanzen kurzzeitige Fröste bis –6 °C vertragen

Chin. Senfkohl/Pak Choi

Brassica rapa ssp. *chinensis* 'Pak Choi'

Pflanzabstand: 30–40 cm
Erntezeit: Juni–Dezember

Anbauen: ab Mitte Juli bis Anfang August 2–3 cm tief direkt ins Freie säen und Pflanzen nach dem Auflaufen vereinzeln; besser nur die kleinen Pflänzchen verwenden, da die großen meist schlecht anwachsen; mindestens 3 Jahre Anbaupause (auch zu anderen Kohlarten, Spinat, Rettich) einhalten
Boden: humus- und strukturreich, optimal sind sandige Lehmböden; nicht zu trocken oder staunass
Pflegen: Boden gleichmäßig feucht halten (mulchen); organisch und mineralisch düngen; während des Hauptwachstums ausreichend wässern; Pflanzen halten sich auf dem Beet bis zum ersten Frost
Ernten: vorsichtig ernten, damit die fleischigen Blätter nicht beschädigt werden

Expertentipp

Pflanzen Sie schossfeste Sorten (z. B. 'Jai Choi F_1', 'Hypro F_1').

sonnig | halbschattig | schattig | viel gießen | mäßig gießen

Speisechrysantheme

Chrysanthemum coronarium

Pflanzabstand: 15 x 15 cm
Erntezeit: Juli–September

Anbauen: ab April/Mai am Fensterbrett oder im Gewächshaus in Töpfe säen und ab Ende Mai/Anfang Juni auspflanzen oder ab Ende Mai direkt ins Freie säen
Boden: humus- und strukturreich, nicht zu trocken, nährstoffreich
Pflegen: Boden vor der Kultur mit Kompost versorgen; regelmäßiger Rückschnitt (oder Ernte) sorgt für kompakten Wuchs; vor Schnecken schützen
Ernten: ernten Sie die fleischigen jungen Blätter laufend, sie werden gedünstet oder roh als ungewöhnliches Würzkraut der fernöstlichen Küche verwendet; auch die Blüten sind essbar, sie sind essentielle Zutat für den chinesischen Chrysanthemen-Feuertopf

Spargelsalat

Lactuca sativa var. *angustana*

Pflanzabstand: 25 x 30 cm
Erntezeit: Juni–September

Anbauen: ab Februar am Fensterbrett oder im Gewächshaus aussäen und ab Ende April/Anfang Mai auspflanzen oder im März/April direkt ins Freie säen; bei niedrigen Temperaturen mit Vlies abdecken; Nachsaat im Sommer, bei zu hohen Temperaturen keimen die Samen allerdings nur schlecht
Boden: humos, durchlässig, locker, nahrhaft
Pflegen: vor der Pflanzung Kompostgabe; ca. 3 Wochen danach Kopfdüngung, nur wenig Stickstoff geben; mulchen
Ernten: die jungen Blätter können als Salat gegessen werden, hauptsächlich werden aber die Stängel roh oder gedünstet verwendet

Expertentipp

Die Sorte 'Chinesische Keule' hat besonders starke Stängel mit bis zu 5 cm Durchmesser .

Shii-Take

Lentinula edodes

Anbauzeit: Mai–September
Erntezeit: Mai–September

Anbauen: mittels präparierter Pilzbrut aus dem Fachhandel, die in Holzstücke »eingeimpft« wird, kann ganzjährig angebaut werden; die Holzstücke der Spätherbst- und Winterkulturen müssen zum Durchwachsen allerdings in einem frostfreien Raum (Keller) gelagert werden; damit das Pilzmyzel gleichmäßig im Holz wächst sind Temperaturen von 12–28 °C nötig
Kultur: auf Laubholzstücken
Pflegen: Holzstücke an einem halbschattigen und windgeschützten Platz aufstellen; gleichmäßig feucht halten; vor Schnecken schützen
Ernten: am besten wird bei Temperaturen von 14–24 °C geerntet; wenn die Pilzhüte waagerecht abstehen, haben sie die optimale Erntereife; der schmackhafte, feine Pilz gilt in Asien als »Lebenselixier«

Gemüse voll im Trend

Buntstieliger Mangold
Beta vulgaris var. *cicla*

Pflanzabstand: 40 x 35 cm
Erntezeit: (Mai) Juli–Oktober

Anbauen: von April–August etwa 2–3 cm tief in Reihen ins Freie aussäen; nach dem Aufgehen auf 20 cm vereinzeln spätere Aussaaten (von Juli–September) können in milden Gegenden überwintern; mindestens 3 Jahre Anbaupause einhalten (auch nach Spinat und Roter Bete)
Boden: tiefgründig, humos, nicht zu trocken
Pflegen: vor der Pflanzung Kompost einarbeiten; wenig Stickstoff, bei Mangelerscheinungen Bordünger einsetzen; mulchen; überwinternde Pflanzen mit Vlies oder Reisig abdecken
Ernten: wenn die Blätter voll ausgebildet sind, Stiele von außen nach innen abschneiden oder abbrechen

Expertentipp

Sorgen Sie für gleichmäßige Bodenfeuchte – dann bleiben die Blattstiele besonders zart!

Romanesco-Kohl
Brassica oleracea

Pflanzabstand: 40 x 50 cm
Erntezeit: Mai–November

Anbauen: ab Mai/Juni ins Freie säen und mit ca. 0,5 cm Erde bedecken; gleichmäßig feucht halten; mindestens vier Jahre Anbaupause einhalten (auch zu anderen Kohlarten)
Boden: humus- und strukturreich, nicht zu trocken, kalkhaltig
Pflegen: für gleichmäßige Bodenfeuchtigkeit sorgen, z. B. durch Mulchen; organisch und mineralisch düngen (Starkzehrer), ausreichend mit Stickstoff versorgen
Ernten: ernten, wenn die geometrisch geformten Köpfe ihre hellgrüne Farbe deutlich ausgebildet haben

Expertentipp

Der Romanesco-Kohl ist feiner und aromatischer im Geschmack als »herkömmlicher« Blumenkohl.

Violetter Blumenkohl
B. oleracea var. *botrytis* 'Graffiti'

Pflanzabstand: 40 x 50 cm
Erntezeit: Juli–Oktober

Anbauen: von März–April im Frühbeet oder Gewächshaus, ab Mai auch im Freien aussäen; Jungpflanzen pikieren, ab April auspflanzen, tief setzen; späteste Pflanzung Mitte Juli; mindestens 4 Jahre Anbaupause einhalten (auch zu anderen Kohlarten, Spinat und Rettich)
Boden: humus- und strukturreich, nicht zu trocken, kalkhaltig
Pflegen: für gleichmäßige Bodenfeuchte sorgen (mulchen); organisch und mineralisch düngen (Starkzehrer), ausreichend mit Stickstoff versorgen
Ernten: wenn die großen Köpfe sich in ein leuchtendes Violett ausgefärbt haben, sind sie erntereif; wundern Sie sich nicht: Werden sie gekocht, färben sich die Köpfe grün

sonnig | halbschattig | schattig | viel gießen | mäßig gießen

Erdbeerspinat
Chenopodium capitatum

Pflanzabstand: 10 x 20 cm
Erntezeit: Juli–Oktober

Anbauen: von Mitte März bis Anfang August 2–3 cm tief in Reihen aussäen und nach dem Auflaufen vereinzeln; werden einzelne Pflanzen stehen gelassen, damit sie blühen und fruchten können, säen sie sich auch selbst aus
Boden: humus, sandig-lehmig
Pflegen: relativ anspruchslos; vor der Aussaat Boden mit Kompost versorgen
Ernten: laufend einzelne Blättchen oder ganze junge Pflanze vor der Blüte ernten; Blätter können wie Spinat gegart oder roh als Salat gegessen werden; die kleinen roten Früchte schmecken entfernt wie Erdbeeren

Expertentipp

Die fruchtenden Pflanzen sind auf dem Beet oder in Kübeln und Trögen eine attraktive Zierde.

Igelgurke/Kiwano
Cucumis metuliferis

Pflanzabstand: 120 x 30 cm
Erntezeit: Juli–September

Anbauen: ab Mitte April auf der Fensterbank oder im Gewächshaus in Töpfe säen und ab Ende Mai auspflanzen; in weniger mildem Klima günstiger unter Folientunnel oder im Gewächshaus kultivieren
Boden: humos, locker, leicht erwärmbar, nährstoffreich
Pflegen: vor dem Anbau Kompost leicht in den Boden einarbeiten; Jungpflanzen zweitriebig an Schnüren hochziehen; für gleichmäßige Bodenfeuchte sorgen, daher am besten mulchen; gut vor Schnecken schützen
Ernten: geerntet wird, wenn die Früchte von Grün auf Gelb umfärben; wenn sie ganz gelb sind, sind die Samen schon zu hart

Expertentipp

Sie können die Früchte an einem kühlen, trockenen Ort (nicht im Kühlschrank) über Monate aufbewahren.

Andenbeere
Physalis edulis/P. peruviana

Pflanzabstand: 50 x 90 cm
Erntezeit: Juli–November

Anbauen: ab Ende April pflanzen (ins Freie erst ab Ende Mai), Standort möglichst hell und windgeschützt wählen
Boden: humus- und strukturreich, nährstoffreich, nicht zu trocken
Pflegen: nur 2–3 kräftige Triebe stehen lassen; in milden Gegenden problemlos im Freien zu ziehen, ab Mitte Oktober ausgraben, zurückschneiden und dunkel und frostfrei überwintern; in raueren Gegenden im Gewächshaus halten
Ernten: die orangefarbenen Früchte können roh gegessen und für Dessert, Kuchen, Marmelade verwendet werden

Expertentipp

Ernten Sie die Früchte immer mit den braunen Hüllblättern, dann halten sie sich länger.

Gemüse mediterranée

Toskanischer Palmkohl

Brassica oleracea 'Nero di Toskana'

Pflanzabstand: 30 x 40 cm
Erntezeit: Juli–Oktober

Anbauen: ab April bis spätestens Ende Juni in Reihen von 15–20 cm Abstand oder ins Freie säen und nach 3–4 Wochen in Töpfe setzen oder auf sonnige Beete verpflanzen; mindestens 3 Jahre Anbaupause (auch andere Kohlarten)
Boden: humos, nährstoffreich, nicht zu trocken
Pflegen: Boden gleichmäßig feucht halten (z. B. durch Mulch); bis Ende September mit reifem Kompost oder Mineraldünger versorgen und bis dahin auch ausreichend gießen
Ernten: es werden die langen, schmalen Blätter geerntet und ähnlich wie Wirsing oder Grünkohl verwendet

Expertentipp

Palmkohl kann milde Winter (bis –15 °C) überdauern und blüht dann zusammen mit Tulpen und Narzissen.

Brokkoli

Brassica oleracea var. *italica*

Pflanzabstand: 40 x 50 cm
Erntezeit: Juni–Oktober

Anbauen: vorgezogene Jungpflanzen ab April ins Beet setzen oder von April–Juli direkt ins Freie säen und anschließend vereinzeln; mindestens 3 Jahre Anbaupause (auch zu anderen Kohlarten) einhalten
Boden: humos, nährstoffreich, nicht zu trocken, vor der Pflanzung mit Kompost versorgen
Pflegen: für gleichmäßige Bodenfeuchte sorgen (z. B. durch Mulch); organische Düngung auf zwei Gaben verteilen; durch Vliesabdeckung bessere Ausreife und Ernteverfrühung; Brokkoli ist sehr frosthart, er kann bis in den Winter hinein auf dem Beet bleiben
Ernten: ernten, bevor sich die Blütenknospen öffnen, zuerst den Haupt-»kopf« herausschneiden, dann die nochmals austreibenden Seitentriebe ernten

Honigmelone

Cucumis melo

Pflanzabstand: 100 x 30 cm
Erntezeit: Juli–September

Anbauen: ab April am Fenster oder im Gewächshaus in Töpfe säen und ab Ende Mai in gelockerten Boden pflanzen; am besten im Gewächshaus kultivieren, da die Pflanze sehr wärmebedürftig ist
Boden: humos, locker, leicht erwärmbar, nährstoffreich
Pflegen: vor dem Anbau Kompost leicht in den Boden einarbeiten; Jungpflanzen vor Schnecken schützen; an Schnüren hochleiten und die Seitentriebe nach dem ersten Blatt regelmäßig einkürzen; mulchen
Ernten: wenn die Früchte den typischen Melonenduft verströmen, ist exakt Zeit zum Ernten; lassen Sie pro Pflanze höchstens ein halbes Dutzend Früchte heranreifen

Expertentipp

Bedecken Sie den Boden unter den Pflanzen mit schwarzer Mulchfolie, das erhöht die Bodentemperatur.

Zucchini

Cucurbita pepo var. *melopepo*

Pflanzabstand: 80 x 80 cm
Erntezeit: Juli–September

Anbauen: ab April am Fenster oder im Gewächshaus in Töpfe säen und ab Mitte Mai auspflanzen oder direkt ab Mitte Mai ins Freie säen
Boden: humos, nährstoffreich
Pflegen: während des Wachstums zweimal mit organischem Volldünger oder Kompostgaben düngen (Starkzehrer); nicht von oben auf die Blätter gießen; durch Mulchen für gleichmäßige Bodenfeuchte sorgen (z. B. mit Stroh); Jungpflanzen vor Schnecken schützen
Ernten: die Früchte können von ganz klein bis 20 cm Länge geerntet werden; nicht zu groß werden lassen, sie schmecken sonst fade; auch die Blüten sind essbar

Expertentipp

Testen Sie auch einmal gelbfrüchtige, gestreifte und runde (»Rondini«) Zucchinisorten.

Artischocke

Cynara scolymus

Pflanzabstand: 100 x 100 cm
Erntezeit: September, Juni/Juli

Anbauen: ab Februar/März im Gewächshaus oder am Fensterbrett aussäen, Ende Mai auspflanzen; Einzelpflanzen können 3–4 Jahre kultiviert werden; Standort regelmäßig wechseln
Boden: locker, tiefgründig (Wurzeln bis 60 cm tief), humos, nährstoffreich
Pflegen: während der ganzen Wachstumszeit regelmäßig düngen (Kompost, organische Fertigdünger); im Herbst ausgraben, frostfrei überwintern oder zurückschneiden und ca. 30 cm hoch gut mit Laub, Erde etc. abdecken
Ernten: ernten Sie die Blütenköpfe, solange die Schuppenblätter noch eng anliegen

Aubergine/Eierfrucht

Solanum melongena

Pflanzabstand: 50 x 50 cm
Erntezeit: Juni–September

Anbauen: im Februar im Gewächshaus oder am Fensterbrett aussäen, nach 2 Wochen pikieren, ab April verpflanzen, ins Freie erst ab Ende Mai; Standort regelmäßig wechseln, nicht als Folgekultur von Tomaten oder Kartoffeln pflanzen
Boden: humos, tiefgründig, nährstoffreich
Pflegen: organisch oder flüssig düngen (Starkzehrer), chloridfrei; nicht von oben gießen; nach dem erstem Fruchtansatz Haupttrieb kappen und überzählige Blätter und Triebe entfernen (siehe Tomate)
Ernten: Frucht mit Blütenkelch und Stiel ernten

Expertentipp

Damit Auberginen gut ansetzen und auch ausreifen, sollten Sie sie am besten im Gewächshaus anbauen.

wenig gießen | für Topfkultur geeignet | lagerfähig | kann getrocknet werden | kann eingefroren werden

Tomaten & Co.

Gemüse-Paprika

Capsicum annuum

Pflanzabstand: 40 x 60 cm
Erntezeit: Juli–September

Anbauen: ab März am Fensterbrett oder im Gewächshaus aussäen, nach ca. 2 Wochen in Töpfe pikieren, ab Mitte Mai pflanzen, tief setzen; 3– 4 Jahre Anbaupause (auch nach Tomaten und Kartoffeln)
Boden: tiefgründig, humos, leicht erwärmbar, nähstoffreich
Pflegen: vor der Pflanzung Kompost oder verrotteten Stallmist einarbeiten; 2-bis 3-mal nachdüngen; höhere Sorten an Stäben aufbinden
Ernten: entweder noch grün ernten, wenn die Frucht fest und glänzend und entsprechend groß ist, oder voll-reif ernten, d. h. nach sortentypischer Ausfärbung

Expertentipp

Sie sollten nur in sehr milden Gegenden Paprika im Freien anbauen, ansonsten lieber im Gewächshaus.

Gurke

Cucumis sativus

Pflanzabstand: 120 x 30 cm
Erntezeit: Juli–September

Anbauen: ab April am Fenster oder im Gewächshaus in Töpfe säen und ab Ende Mai in gelockerten Boden auspflanzen oder ab Ende Mai direkt ins Freie säen und später vereinzeln; 4 Jahre Anbaupause einhalten
Boden: humos, locker, leicht erwärmbar, nährstoffreich
Pflegen: vor dem Anbau Kompost leicht in den Boden einarbeiten; Jungpflanzen vor Schnecken schützen; Salatgurken an Drahtgittern oder Schnüren hochziehen; für gleichmäßige Bodenfeuchte sorgen, am besten mulchen
Ernten: Salatgurken sind 2 Wochen nach der Blüte erntereif; Einlegegurken je nach gewünschter Größe ernten, Früchte nicht gelb werden lassen oder später als »Senfgurken« verwenden

Tomate

Lycopersicon esculentum

Pflanzabstand: 50 x 80 cm
Erntezeit: Juli–Oktober

Anbauen: Ende Februar/Anfang März am Fenster oder im Gewächshaus aussäen, in Töpfe pikieren und ab Ende April pflanzen (ins Freie erst ab Ende Mai), tief setzen; Standort jährlich wechseln
Boden: humos, nährstoffreich
Pflegen: vor dem Anbau Kompost einarbeiten; beim Pflanzen und im Juli organischen Volldünger geben; Pflanzen an Stäben aufbinden; Triebe in den Blattachseln regelmäßig ausbrechen; Spitze des Haupttriebes kappen, sobald die ersten Früchte angesetzt werden (Ausnahme: Buschtomaten); nicht von oben auf das Laub gießen
Ernten: vollreif ernten; grüne Früchte sind roh giftig, können aber im Zimmer nachreifen

Expertentipp

Für Balkon oder Terrasse eignen sich Busch- und Cocktailtomaten am besten.

sonnig | halbschattig | schattig | viel gießen | mäßig gießen

Buschbohne

Phaseolus vulgaris var. *nanus*

Pflanzabstand: 40 x 8 cm
Erntezeit: Juli–Oktober

Anbauen: ab April Aussaat in Töpfe im Gewächshaus oder auf dem Fensterbrett, ab Mitte Mai auspflanzen oder ab Mitte Mai direkt ins Freie säen (Horst- oder Dibbelsaat), Samen ca. 3 cm tief stecken; dreijährige Anbaupause (auch zu anderen Hülsenfrüchten) einhalten
Boden: locker, humos, durchlässig, kalkhaltig (im Herbst kalken)
Pflegen: Pflanzen an der Stängelbasis mit lockerer Erde anhäufeln; chloridarm düngen; Bohnen (und andere Hülsenfrüchte) reichern den Boden mit Stickstoff an, daher abgeerntete Pflanzen nur abschneiden und die Wurzeln im Boden lassen
Ernten: Bohnen nur gekocht verwenden, roh sind sie in größeren Mengen giftig

Erbse

Pisum sativum

Pflanzabstand: 40 x 5 cm
Erntezeit: Mai/Juni–August

Anbauen: Schäl- und Zuckererbsen ab Mitte März, Markerbsen ab Mitte April ca. 5 cm tief direkt ins Freie säen (Horst oder Dibbelsaat)
Boden: humos, locker
Pflegen: Saat mit Netzen vor Vögeln schützen; Pflanzen an der Stängelbasis mit Erde anhäufeln; höhere Sorten mit Reisig stützen; Erbsen reagieren empfindlich auf frische organische Düngung und frisches Kalken; Erbsen reichern den Boden mit Stickstoff an, daher abgeerntete Pflanzen abschneiden und die Wurzeln im Boden lassen
Ernten: von Zucker- und Markerbsen nur junge, zarte Hülsen ernten, rohe Erbsen sind in größeren Mengen giftig

Expertentipp

Warten Sie 3–4 Jahre, bis Sie wieder Erbsen (oder andere Hülsenfrüchte) an den gleichen Platz setzen.

Weitere Hülsen- und Fruchtgemüsesorten

Sorten	Eigenschaften
'Reine des Pourpres'	Buschbohne mit schwarzroten Schoten
'Purple King'	Buschbohne mit schwarzroten Schoten
'Blauhilde'	Stangenbohne mit schwarzroten Schoten
'Kapuzinererbse'	Erbse mit schwarzroten Schoten
'Grünes Zebra'	Stabtomate mit grüngelb gestreiften Früchten
'Schwarze Pflaume'	Stabtomate mit großen, schwarzroten Früchten
'Sweet Million'	sehr ertragreiche, leuchtend rote Cocktailtomate
'Mirabell'	sehr robuste, gelbe Cocktailtomate
'Balkonstar'	kompakte, ertragreiche Buschtomate
'Goldene Königin'	goldgelbe mittelgroße Stabtomate
'Frühzauber'	sehr frühe rote Stabtomate
'Tigerella'	Stabtomate mit roten Früchten mit orangefarbenen Streifen
'Tanja'	bitterstofffreie, robuste Salatgurke; für Anbau im Freien geeignet
'Marketmore'	bitterstofffreie, robuste Salatgurke; für Anbau im Freien geeignet
'Mavras'	Gemüse-Paprika mit gelben, früh reifenden Früchten; für Freilandanbau geeignet
'Pusztagold'	Gemüse-Paprika mit roten, dickfleischigen, tomatenförmigen Früchten
'Liebesapfel'	Gemüse-Paprika mit schwarzvioletten Früchten
'Spanischer Pfeffer'	Chili mit kurzen, feuerroten, sehr scharfen Schoten; sehr ertragreich
'Ecuador Purple'	Chili mit erst violetten, dann gelb, orange und schließlich rot werdenden Schoten
'Golden Eggs'	Aubergine mit fast reinweißen, hühnereigroßen, sehr dekorativen Früchten
'Eierfrucht'	Aubergine mit weißen, eierförmigen Früchten

Würzige Zwiebeln & Lauche

Gemüsezwiebel
Allium cepa

Pflanzabstand: 20 x 5 cm
Erntezeit: Juli–August

Anbauen: ab Ende März junge Steckzwiebeln direkt ins Beet stecken (Aussaat dauert deutlich länger); mindestens 5 Jahre Anbaupause einhalten
Boden: locker, humos, durchlässig
Pflegen: nur bei Trockenheit gießen; Boden zwischen den Reihen vorsichtig lockern; keinen frischen organischen Dünger verwenden, auf gute Kaliumversorgung achten
Ernten: erste Zwiebeln schon ab Juni ernten; Haupternte (zum Einlagern), wenn das Laub welkt: zum Lagern gut abtrocknen lassen; junges Laub ist auch essbar

Expertentipp

Säen Sie die Sorten zum Überwintern ab Mitte August aus, dann können Sie schon ab dem folgenden April ernten.

Winterheckzwiebel
Allium fistulosum

Pflanzabstand: 40 x 40 cm
Erntezeit: März–Oktober

Anbauen: ab April direkt aufs Beet säen oder von April–Juni Brutzwiebeln von älteren Pflanzen abnehmen und büschelweise einsetzen
Boden: locker, durchlässig
Pflegen: bei Trockenheit gießen; keine frische organische Düngung; die mehrjährigen Zwiebelstöcke alle 3–4 Jahre teilen und neu pflanzen
Ernten: liefert das erste Zwiebelgrün im Frühjahr; in erster Linie werden die Blätter geerntet, die wie Schnittlauch verwendet werden; die Zwiebeln sind auch essbar, aber nicht sehr ergiebig

Expertentipp

Mögen Sie's lieber milder im Geschmack? Dann versuchen Sie doch die rotstielige Variante.

Lauch/Porree
Allium porrum

Pflanzabstand: 30 x 15 cm
Erntezeit: Juni–April

Anbauen: vorgezogene Jungpflanzen der Sommersorten von Mitte April–Mitte Mai pflanzen und mit Vlies abdecken; tief setzen und anhäufeln; Herbstsorten im Mai/Juni, Wintersorten im August pflanzen
Boden: tiefgründig, humos, locker
Pflegen: vor der Pflanzung Kompost oder verrotteten Stallmist einarbeiten; zweimal mineralisch nachdüngen; Winterporree vor Frosteintritt anhäufeln und mit Reisig oder Vlies abdecken
Ernten: zum Ernten die Pflanzen mit Spaten oder Grabegabel anheben, aus der Erde ziehen und die Wurzeln abschneiden

Knoblauch

Allium sativum

Pflanzabstand: 30–80 cm
Erntezeit: Juli–September

Anbauen: im März die Zehen der Frühjahrssorten und im Oktober die der Wintersorten ca. 5 cm tief in den Boden stecken; Anbaufläche von Jahr zu Jahr wechseln, auch im nächsten Jahr keine anderen Zwiebelgewächse auf demselben Beet anbauen
Boden: humos, locker, keine nassen, schweren Böden
Pflegen: anspruchslos; in der Mischkultur ein idealer Partner zu Möhren; kann auch gut zwischen Erdbeeren gesteckt werden
Ernten: ernten, wenn das untere Drittel der Pflanzen gelb wird und einzutrocknen beginnt; zum Lagern gut trocknen

Expertentipp

Besonders schöne Knoblauchknollen ernten Sie, wenn es im Juli warm und trocken ist.

Bärlauch

Allium ursinum

Pflanzabstand: 30–40 cm
Erntezeit: April–Mai

Anbauen: Vermehrung erfolgt durch Zwiebeln, die im August/September in den Boden gesteckt werden; auch die Teilung älterer Stöcke ist möglich
Boden: humos, nährstoffreich, feucht
Pflegen: anspruchslos und pflegeleicht; heimische Wildpflanze, die an schattigen und etwas feuchten Plätzen im Garten gut gedeiht und sich sehr schnell selbst vermehrt
Ernten: geerntet werden Blätter vor der Blüte, ebenso die Blüten, grüne Samen und junge Zwiebeln; nicht in zu großen Mengen essen, steigert den Blutdruck

Expertentipp

Bärlauch zieht nach dem Verblühen ein, d. h., das Laub verschwindet.

Knobiflirt

Tulbaghia violacea

Pflanzabstand: 30 x 40 cm
Erntezeit: Juni–Oktober

Anbauen: vorgezogene Pflanzen ab Mitte/Ende Mai auspflanzen oder kräftige Pflanzen durch Teilung im Frühjahr vermehren oder ganzjährig im Topf halten
Boden: humos, sandige Lehmböden, nicht zu trocken oder staunass
Pflegen: Boden vor dem Auspflanzen mit Kompost versorgen; im Freien ist die Pflanze nicht winterhart und muss ab Oktober ins helle und kühle Winterquartier umziehen; der Geruch der dicken, fleischigen Wurzeln lässt Wühlmäuse das Weite suchen
Ernten: es können laufend Blätter und Blüten geerntet werden (am Fensterbrett sogar ganzjährig)

Expertentipp

Im Gewächshaus ein guter Partner zu Tomaten, die er vor weißer Fliege schützt.

Knollen, die's in sich haben

Kohlrabi

Brassica oleracea var. *gongylodes*

Pflanzabstand: 30 x 25 cm
Erntezeit: Juli–August

Anbauen: ab Februar Pflänzchen vorziehen, in Töpfe pikieren, ab April ins Freie setzen, nicht zu tief pflanzen; von April–Mitte Juni direkt aufs Beet säen; mindestens 3 Jahre Anbaupause (auch zu anderen Kohlarten und Spinat) einhalten
Boden: humos, nährstoffreich, nicht zu trocken
Pflegen: für gleichmäßige Bodenfeuchtigkeit sorgen (Mulchen); organische Düngung auf zwei Gaben während des Wachstums verteilen
Ernten: Knollen nicht zu spät ernten, sie werden sonst holzig; auch das Laub kann verwendet werden

Expertentipp

Bringen Sie Farbe ins Beet mit grünen, fast weißen, blau- und rotvioletten Sorten.

Knollenfenchel

Foeniculum vulgare var. *azoricum*

Pflanzabstand: 30 x 20 cm
Erntezeit: Juli–Oktober

Anbauen: von Mitte Mai–Anfang Juli 1,5–2 cm tief direkt aufs Beet säen; zu dicht stehende Pflanzen auf ca. 15–20 cm Abstand vereinzeln oder vorgezogene Jungpflanzen ab Mitte Mai auspflanzen; mindestens 3 Jahre Anbaupause einhalten (auch zu anderen Doldenblütlern)
Boden: humos, weder zu leichte noch zu schwere, nasse Böden sind geeignet
Pflegen: am besten nach gut mit Kompost versorgter Vorkultur anbauen, da Knollenfenchel frische organische Düngung nicht verträgt
Ernten: spätestens Ende Oktober/Anfang November ernten; drohen vorher Nachtfröste, Knollen mit Laub, Stroh oder Vlies abdecken

Expertentipp

Warten Sie nicht zu lange mit der Ernte, sonst verliert Fenchel sein Aroma.

Topinambur

Helianthus tuberosus

Pflanzabstand: 50 x 60 cm
Erntezeit: Oktober–November

Anbauen: Knollen mit mindestens 2 Knospen im zeitigen Frühjahr oder Herbst etwa 5–10 cm tief pflanzen, je schwerer der Boden, desto höher; nach dem Austrieb wie Kartoffeln mehrmals anhäufeln
Boden: etwas kalkhaltig, locker, mit Kompost angereichert, lehmige und tonige Böden
Pflegen: bei Trockenheit gießen, v. a. im Spätsommer (ab August), wenn die Knollen gebildet werden; bei zu hoher Stickstoffversorgung faulen die Knollen; junge Triebe vor Schnecken und Knollen vor Wühlmäusen schützen; nach der Blüte bzw. im Spätherbst zieht die Pflanze ein
Ernten: wenn im Herbst das Kraut abstirbt, die Knollen ernten und einige Knollen für die nächste Ernte im Boden lassen

Süßkartoffel

Ipomoea batatas

Pflanzabstand: 30 x 20 cm
Erntezeit: September–Oktober

Anbauen: Knollen oder Teilstücke davon (mit mindestens einem Auge) ab Januar in Kisten mit lockerer Erde in einem hellen, warmen Raum vortreiben, nicht über 25 °C; auf ausreichende Bodenfeuchte achten; ab April windgeschützt auspflanzen
Boden: humos, locker, nicht zu feucht
Pflegen: im Sommer ausreichend wässern und flüssig düngen; bei Temperaturen unter 10 °C stirbt die Pflanze ab; für die mehrere Meter langen Triebe ist eine Kletterhilfe erforderlich
Ernten: die Süßkartoffeln sind reif, wenn beim Aufschneiden die Schnittstelle rasch trocknet

Expertentipp

Probieren Sie »Buntblatt-Süßkartoffeln« als dekorative Rankpflanzen, die im Herbst auch eine beachtliche Menge an Knollen liefern.

Rettich

Raphanus sativus var. *niger*

Pflanzabstand: 20 x 15 cm
Erntezeit: August–November

Anbauen: von April (Sommersorten) bis August (Herbst-/Wintersorten) direkt aufs Beet aussäen, nach dem Aufgehen zu dicht stehende Pflanzen auf 10–25 cm Abstand vereinzeln; 3 Jahre Anbaupause einhalten – auch zu Radieschen und Kohl
Boden: leicht, locker, humusreich
Pflegen: für eine gleichmäßige Bodenfeuchte sorgen; nur wenig Stickstoff düngen, borhaltigen Mineraldünger verwenden, 2–3 Gaben während des Wachstums
Ernten: bei frühen Sorten kann die Ernte durch Abdeckung mit Vlies oder Folientunnel bereits ab Juni erfolgen; Winterrettiche ab Ende Oktober/Anfang November ernten

Gute Partner

- *Kresse*
- *Salat*
- *Spinat*
- *Tomate*

Radieschen

Raphanus sativus var. *sativus*

Pflanzabstand: 10 x 8 cm
Erntezeit: April–September

Anbauen: von März–August (Frühjahrs- und Sommersorten) max. 1 cm tief direkt aufs Beet säen, nach dem Aufgehen zu dicht stehende Pflanzen auf 5–10 cm vereinzeln; mindestens 3 Jahre Anbaupause einhalten (auch zu Rettich oder Kohl)
Boden: humos, locker
Pflegen: gut als Folge-, Zwischen- und Markiersaat zu verwenden, die nicht extra gedüngt zu werden braucht (Schwachzehrer); immer für gleichmäßig feuchten Boden sorgen; keinen frischen organischen Dünger verwenden
Ernten: im Frühjahr kann unter Vlies oder Folientunnel bereits ca. 6 Wochen nach der Aussaat geerntet werden; im Sommer sind Radieschen schon 4 Wochen nach der Saat erntereif

Gemüse zum Lagern

Knollensellerie

Apium graveolens

Pflanzabstand: 40 x 40 cm
Erntezeit: September–Oktober

Anbauen: gekaufte, vorgezogene Jungpflanzen frühestens ab Mitte Mai auspflanzen; gerade so tief setzen, wie sie zuvor im Anzuchtbeet gestanden sind; 2 Jahre lang Anbaupause (auch zu anderen Doldenblütlern) einhalten
Boden: humos, mittelschwer, mit guter Wasserhaltefähigkeit
Pflegen: chloridhaltigen Kaliumdünger oder Kompost verwenden, Düngung auf drei Gaben während des Wachstums aufteilen, bei Mangelerscheinungen speziellen Bordünger (Borax) geben; vor allem zur Zeit der Knollenausbildung von Mitte August–Oktober gut gießen
Ernten: spätestens Ende Oktober ernten; Knollen lassen sich im Keller gut lagern

Rote Bete/Rote Rübe

Beta vulgaris var. *vulgaris*

Pflanzabstand: 25 x 8 cm
Erntezeit: August–Oktober

Anbauen: von Ende April–Juni direkt aufs Beet säen (2–3 cm tief), Saatgut gut andrücken; nach dem Aufgehen zu dicht stehende Pflanzen auf ca. 6–8 cm Abstand vereinzeln oder ab Mai (vom Gärtner) vorgezogene Jungpflanzen setzen; 2 Jahre lang Anbaupause (auch zu Spinat und Mangold) einhalten
Boden: humos, tiefgründig, nicht zu schwer, nicht zu kalkreich
Pflegen: Kompost- oder Mineraldüngung, nicht frisch kalken, bei Mangelerscheinungen Bordünger geben
Ernten: Ernte zum Frischverzehr ab August; zum Einlagern gegen Ende Oktober ernten

Gute Partner

- *Blumenkohl*
- *Brokkoli*
- *Buschbohnen*
- *Chinakohl*

Rosenkohl

Brassica oleracea var. *gemmifera*

Pflanzabstand: 50 x 60 cm
Erntezeit: September–Dezember

Anbauen: gekaufte, vorgezogene Jungpflanzen von Ende April–Ende Juni setzen oder ab April direkt aufs Beet säen und anschließend vereinzeln; mindestens 3 Jahre Anbaupause (auch zu anderen Kohlarten und Spinat) einhalten
Boden: humus- und strukturreich, nicht zu leicht
Pflegen: für gleichmäßige Bodenfeuchtigkeit und reichlich organische und mineralische Düngung (Starkzehrer) sorgen, nicht zu viel Stickstoff; Anhäufeln erhöht die Standfestigkeit
Ernten: bei frühem Anbau (Ernte September–November) erhält man durch »Köpfen« der Spitzenknospe größere Röschen

Expertentipp

Rosenkohl verträgt kurzzeitig Frost, daher können Sie ihn manchmal den ganzen Winter hindurch ernten.

Grünkohl

Brassica oleracea var. *sabellica*

Pflanzabstand: 50 x 50 cm
Erntezeit: Oktober–Februar

Anbauen: im Juni/Juli vorgezogene Jungpflanzen setzen oder von Mitte Mai–Juli 2 cm tief direkt ins Freie säen; bei Aussaat wie Spinat ernten, bei Pflanzung ganze Pflanzen ernten, mindestens 3 Jahre Anbaupause (auch zu anderen Kohlarten) einhalten
Boden: humos, etwas lehmig, kalkhaltig
Pflegen: Boden gleichmäßig feucht halten (z. B. durch Mulchen); organische und mineralische Düngung auf zwei Gaben verteilen
Ernten: geerntet wird, wenn die Blätter noch jung und frisch sind und
einige Zeit Frost bekommen haben

Gute Partner

- *Bohnen* • *Erbsen* • *Lauch*
- *Rote Bete* • *Salat*

Winterkürbis

Cucurbita maxima

Pflanzabstand: 200 x 150 cm
Erntezeit: Oktober

Anbauen: ab März am Fenster oder im Gewächshaus aussäen und ab Mai auspflanzen oder ab Mitte Mai direkt ins Freie säen; gute Standorte sind am Fuß eines Komposthaufens oder auf Hoch- und Hügelbeeten; 3–4 Jahre Anbaupause einhalten
Boden: humos, nährstoffreich, warm; vor dem Anbau Kompost leicht in den Boden einarbeiten
Pflegen: während des Wachstums zweimal mit organischem Volldünger oder Kompost düngen (Starkzehrer); gleichmäßig feucht halten (Mulchen!); Seitentriebe bei 60–100 cm kappen, weil sonst zu viel Blattmasse gebildet wird; Holzbrettchen oder Stroh unter die Früchte legen, damit sie nicht faulen
Ernten: im Spätherbst vollreif ernten, wenn der Stiel verholzt, aber unbedingt noch vor dem ersten Frost; auch die Blüten sind essbar

Möhre/Karotte

Daucus carota ssp. *sativus*

Pflanzabstand: 25 x 5 cm
Erntezeit: Juni–Oktober

Anbauen: von März–Mitte Juli (Früh-, Sommer- und Lagersorten) 1–2 cm tief direkt aufs Beet säen; Radieschen als Markiersaat verwenden, da Möhren oft langsam keimen (3–4 Wochen); auf ca. 10 cm Abstand vereinzeln; mindestens 3 Jahre lang Anbaupause einhalten (auch zu anderen Doldenblütlern)
Boden: locker, leicht, sandig, humos
Pflegen: Boden gleichmäßig feucht halten; kalium- und magnesiumreiche Düngung; nicht frisch kalken, keine frischen organischen Dünger verwenden
Ernten: fortlaufend ernten, sobald Möhren groß sind; Lagermöhren erst gegen Ende Oktober–Anfang November ernten

Gute Partner

- *Knoblauch* • *Lauch* • *Salat*
- *Schnittlauch* • *Zwiebeln*

wenig gießen | für Topfkultur geeignet | lagerfähig | kann getrocknet werden | kann eingefroren werden

Kräuter – Duft & Aroma

Kräuter passen in jeden Garten, ob auf die Gemüsebeete, in die Staudenrabatte oder in einen schönen Topf – Hauptsache, Sie haben immer einen ausreichend großen Vorrat und eine entsprechend reichhaltige Auswahl davon angebaut!
Es ist immer gut, die würzigen Multitalente möglichst frisch zur Hand zu haben, denn dann entfalten sich ihre spezifischen Aromen am intensivsten.

Kräuter lassen sich auch in den kleinsten Gärten kultivieren und sind ebenso gut als Topf- und Kübelpflanzen für Terrasse und Balkon geeignet. Zwar wachsen einige von ihnen auch recht gut im Halbschatten, dennoch sollten Sie den meisten von ihnen einen möglichst sonnigen Platz reservieren. Je mehr Sonne und Wärme sie nämlich abbekommen, umso höher ist ihr Gehalt an Aromastoffen, d. h., umso feiner und geschmackvoller werden Kräutergerichte und Kräutertees. Viele Kräuter bevorzugen magere, leichte Böden, weshalb sie auf eigenen kleinen Beeten oder in Pflanzgefäßen oft besser gedeihen als auf stark gedüngten Gemüsebeeten.

»Alltäglich« oder mediterran oder asiatisch?

Schon ganz einfache und herkömmliche Gerichte werden mit frischen Kräutern wie Dill, Petersilie und Schnittlauch verfeinert, so dass Sie solche »alltäglichen« Kräuter immer parat haben sollten.
Südliches Flair im Garten und auf dem Balkon zaubern Sie ganz leicht mit Basilikum, Estragon, duftendem Lavendel und Rosmarin. Diese »Sonnenkinder« brauchen besonders geschützte und warme Plätze und einen leichten, etwas sandigen Boden. Auch hier gilt: Was frisch vom Garten in die Küche kommt, ist meist ungleich aromatischer als gekaufte Kräuterbüschel.
Wer dem aktuellen Trend zur gesunden asiatischen Küche folgen und seine Zutatenliste auch mit frisch geernteten Kräutern aus dem eigenen Garten erweitern möchte, dem stehen z. B. Koriander, Perilla oder Thai-Basilikum zum Säen und Pflanzen zur Verfügung.
Und damit auch die Kleinsten ihr Vergnügen am Garten entdecken können, legen Sie doch einfach ein »Kinderbeet« an. Setzen Sie Schokoladenblume, Süßdolde & Co. ein, die große und kleine Leckermäuler zum Schnuppern und Probieren einladen.

Kräuter für alle Tage

Schnittlauch

Allium schoenoprasum

Pflanzabstand: 15–30 cm
Erntezeit: April–November

Anbauen: ab Ende April ca. 2,5 cm tief ins Freie säen (unbedingt auf frisches Saatgut achten!) oder ältere Pflanzen im Herbst oder Frühjahr teilen und versetzen
Boden: humos, nährstoffreich, ausreichend feucht
Pflegen: Boden vor der Pflanzung mit Kompost versorgen und gut auflockern; keinen frischen organischen Dünger verwenden
Ernten: zum Ernten die Blätter bzw. Stängel vor der Blüte ca. 2 cm über dem Boden abschneiden; auch die Blüten können geerntet und zum Würzen verwendet werden

Expertentipp

Setzen Sie erst nach einer Anbaupause von 3 Jahren wieder Zwiebelgewächse auf das selbe Beet.

Dill

Anethum graveolens

Pflanzabstand: 10–15 cm
Erntezeit: Juli–September

Anbauen: ab April direkt ins Freie säen, gerne als Folgekultur nach einem Starkzehrer; auch eine Aussaat im Balkonkasten ist möglich, die Pflanzen werden dann allerdings nur ca. 40 cm hoch; sät sich am guten Standort auch selbst aus
Boden: locker, humos, warm
Pflegen: Dill nicht verpflanzen, weil dies nicht ohne Verletzung und Verlust der feinen Faserwurzeln möglich ist
Ernten: Sie können laufend die Blätter und das ganze Kraut ernten, ebenso halbreife Blütendolden und reife Samenkörner

Gute Partner

- *Buschbohnen* • *Erbsen*
- *Gurken* • *Kohl* • *Kopfsalat*
- *Stangenbohnen*

Liebstöckel

Levisticum officinale

Pflanzabstand: Einzelpflanze
Erntezeit: Mai–Oktober

Anbauen: ab März ins Freie säen oder selbst geernteten, frischen Samen im August aussäen; Jungpflanzen im April oder September setzen; gedeiht auch gut im großen Topf oder Balkonkasten
Boden: humos, nährstoffreich, tiefgründig
Pflegen: die groß werdende Pflanze braucht unbedingt ausreichend Standraum; gelegentlich mit einer Kompostgabe versorgen; gelbe Blätter sind meist ein Zeichen für Nährstoffmangel oder Trockenheit
Ernten: laufend frische Blätter ernten

Expertentipp

Estragon gedeiht neben Liebstöckel besonders gut.

sonnig | halbschattig | schattig | viel gießen | mäßig gießen

Petersilie

Petroselinum crispum

Pflanzabstand: 10–15 cm
Erntezeit: Mai–November

Anbauen: ab März ins Frühbeet oder ab Ende April direkt ins Freie säen, nicht verpflanzen; es kann mehrere Wochen dauern, bis die Samen keimen; Anbaufläche von Jahr zu Jahr wechseln, sonst Wuchshemmung
Boden: humos, nährstoffreich, durchlässig, nicht zu trocken
Pflegen: gelegentlich mit einer Kompostgabe versorgen; kann im Winter mit Vlies abgedeckt und dann weiter geerntet werden; nicht neben Salat setzen
Ernten: laufend frische Blättchen (glatt oder gekraust) von den Blattstielen zupfen

Salbei

Salvia officinalis

Pflanzabstand: 30 x 30 cm
Erntezeit: Juni–September

Anbauen: ab Februar Aussaat im Gewächshaus oder ab Mai direkt ins Freie; Jungpflanzen ab Mai mit 30 cm Abstand pflanzen; Vermehrung durch Stecklinge im Sommer
Boden: trocken, durchlässig, kalkhaltig
Pflegen: gelegentlich mit Kompost und Kali düngen; Rückschnitt im Frühjahr auf 1/3 bis 1/2, um die Pflanze kompakt zu halten; kann auch gut im Steingarten, im Topf oder Kübel gepflanzt werden
Ernten: fortlaufend frische junge Blätter und Triebspitzen ernten (am aromatischsten kurz vor der Blüte); Blüten ebenfalls zum Würzen

Thymian

Thymus vulgaris

Pflanzabstand: 30 x 30 cm
Erntezeit: Mai–September

Anbauen: ab Februar ins Frühbeet oder ab April ins Freie säen; Lichtkeimer; kann auch durch Stecklinge (Mai–August) oder Absenker (April/Mai) vermehrt werden
Boden: steinig oder sandig, trocken, warm, keine Staunässe
Pflegen: manchmal nicht ganz winterhart, daher Abdeckung mit Reisig oder Vlies empfehlenswert; eignet sich gut für Pflanzung in Töpfen und Schalen, für den Steingarten, eine Trockenmauer oder als niedrige Beeteinfassung
Ernten: junge Triebspitzen und Blätter, die kurz vor der Blüte am aromatischsten sind; auch die Blüten sind essbar

Expertentipp

Versuchen Sie auch die würzige Wurzelpetersilie; sie wird im Herbst geerntet.

Gute Partner

- *Bohnen* • *Erbsen* • *Fenchel*
- *Kohl* • *Möhren*

wenig gießen | für Topfkultur geeignet | lagerfähig | kann getrocknet werden | kann eingefroren werden

Asiatisches Würzvergnügen

Chinesischer Schnittlauch
Allium odorum

Pflanzabstand: 10–15 cm
Erntezeit: April–November

Anbauen: von April bis August direkt im Freien aussäen oder im Winter im Topf kultivieren
Boden: humos, nährstoffreich, ausreichend feucht
Pflegen: Boden vor der Pflanzung mit Kompost versorgen und gut auflockern; keinen frischen organischen Dünger verwenden; äußerst winterfest und langlebig
Ernten: die Blätter bzw. Stängel vor der Blüte wie Schnittlauch ernten (knoblauchähnliches Aroma); auch die Blüten und die grünen Samenkapseln können geerntet und zum Würzen verwendet werden

Expertentipp

Die wie Schnittlauch zu verwendende Pflanze ist wichtiger Bestandteil der asiatischen Küche.

Koriander
Coriandrum sativum

Pflanzabstand: 10–15 cm
Erntezeit: Juni–August

Anbauen: ab März in Reihen direkt ins Beet säen, Keimdauer 2–3 Wochen; ab 15 cm Pflanzenhöhe vereinzeln; setzen Sie erst nach 2–3 Jahren wieder Koriander auf dasselbe Beet
Boden: kalkhaltig, leicht, warm
Pflegen: eine gelegentliche Kompostgabe und Kalidüngung sind förderlich; Koriander gedeiht auch gut im Topf oder im Balkonkasten
Ernten: frische Blätter und ganzes Kraut werden laufend vor der Blüte geerntet; reife Samenkörner zum Trocknen und Würzen ernten, wenn sie sich braun verfärben

Gute Partner

- *Gurken*
- *Kohl*

Houttonia
Houttuynia cordata 'Chamaeleon'

Pflanzabstand: 10–15 cm
Erntezeit: Juni–September

Anbauen: vorgezogene Pflanzen kaufen und im Herbst oder Frühjahr setzen oder kräftige Pflanzen im Frühjahr teilen und frisch einsetzen
Boden: humos, nährstoffreich, ausreichend feucht bzw. sogar etwas sumpfig
Pflegen: Boden vor der Pflanzung mit Kompost versorgen; je feuchter der Boden, desto wuchskräftiger die Pflanze, d. h., auf trockenerem Standort nicht ganz so ausbreitungsfreudig; bildet Wurzelausläufer; in rauen Gegenden evtl. im Winter mit Laub oder Mulch abdecken
Ernten: laufend frische Blätter als Würzkraut für asiatische Suppen, Gemüse und Fleischgerichte ernten

Expertentipp

Die Pflanze ist ein hervorragender Bodendecker an feuchten, halbschattigen Plätzen.

sonnig | halbschattig | schattig | viel gießen | mäßig gießen

Thai-Minze

Mentha spec. 'Thai'

Pflanzabstand: 30 x 30 cm
Erntezeit: Juni–August

Anbauen: Jungpflanzen kaufen und im Abstand von 30 cm setzen oder im Frühjahr durch Wurzelausläufer oder Teilung vermehren
Boden: humos, leicht, feucht
Pflegen: gelegentliche Kompostgabe; bei Rostpilzbefall total zurückschneiden, bei ständigem Befall oder Schwachwüchsigkeit Anbauplatz wechseln; gedeiht auch gut im Topf oder Kübel
Ernten: fortlaufend frische Blätter und Triebspitzen bis kurz vor der Blüte ernten

Gute Partner

- *Möhren* • *Salat* • *Tomaten*

Thai-Basilikum

Ocimum basilicum 'Thai'

Pflanzabstand: 30 x 30 cm
Erntezeit: Juni–September

Anbauen: ab März auf der Fensterbank oder ins warme Frühbeet aussäen; Samen nur andrücken und nicht mit Erde bedecken (Lichtkeimer); ab Mitte Mai in Töpfe pikieren oder auch dann direkt ins Freie säen (Schneckenschutz!)
Boden: humos, sandig bis lehmig
Pflegen: empfindlich gegen anhaltende Nässe und Kälte, daher am besten in Töpfen oder Schalen kultivieren; nicht an zugige Plätze pflanzen oder stellen; Jungpflanzen vor Schnecken schützen; guter Partner zu Tomatenpflanzen
Ernten: laufend frische junge Triebspitzen ernten, die vor der Blüte am aromatischsten sind; auch Blüten sind essbar

Expertentipp

Die besonders würzige und wüchsige Sorte hat ein feines Anisaroma.

Perilla (Shiso)

Perilla frutescens

Pflanzabstand: 30 x 30 cm
Erntezeit: Juni–September

Anbauen: ab Anfang Mai direkt ins Freie säen und die Pflänzchen nach ca. 3 Wochen vereinzeln; im Abstand von ca. 30 cm pflanzen
Boden: humos, etwas nährstoffreich, warm
Pflegen: Boden vor der Pflanzung mit Kompost versorgen und auflockern; für gleichmäßige Bodenfeuchtigkeit sorgen; Jungpflanzen vor Schnecken schützen
Ernten: laufend frische junge Blätter und Triebspitzen ernten, die vor der Blüte am aromatischsten sind; auch Blüten sind essbar; traditionell japanisches Gewürz, vor allem für Sushi

wenig gießen | für Topfkultur geeignet | lagerfähig | kann getrocknet werden | kann eingefroren werden

Kräuter des sonnigen Südens

Französischer Estragon

Artemisia dracunculus var. *sativa*

Pflanzabstand: Einzelpflanze
Erntezeit: Juni–August

Anbauen: von Juli bis August durch Stecklinge oder Teilung vermehren
Boden: humos, nahrhaft, ausreichend feucht, warm
Pflegen: meist genügt eine Pflanze; Austrieb im Frühjahr oft erst spät; in rauen Gegenden etwas frostgefährdet, daher ist im Winter eine leichte Abdeckung mit Reisig empfehlenswert
Ernten: junge Blätter und Triebspitzen (mit Knospen) ernten; ab dem zweiten Standjahr entwickeln die Pflanzen deutlich mehr Aroma

Gute Partner

- *Liebstöckel*
- *Möhren*
- *Petersilie*

Lavendel

Lavandula angustifolia

Pflanzabstand: 40 x 40 cm
Erntezeit: Juni–September

Anbauen: ab Februar in Saatschalen am Fensterbrett säen und ab Mai ins Freie setzen oder von Juni–August Stecklinge schneiden und bewurzeln lassen
Boden: locker, humos, warm, möglichst »mager«, leicht kalkhaltig
Pflegen: durch Rückschnitt im April alle 2– 3 Jahre um 1/2 bis 1/3 behält der Strauch eine schöne kompakte Form; auf sehr kalkarmen Standorten alle 1–2 Jahre Magnesiumkalk in den Boden einarbeiten; eignet sich auch gut für den Anbau im Topf oder Kübel, für Beeteinfassungen und zur Unterpflanzung von Rosen
Ernten: es werden junge Blätter, Triebspitzen und Blüten geerntet

Genoveser Basilikum

Ocimum basilicum 'Genovesei'

Pflanzabstand: 50 x 50 cm
Erntezeit: Juni–September

Anbauen: ab März in Saatschalen auf der Fensterbank oder ins warme Frühbeet säen, Samen nur andrücken und nicht mit Erde bedecken (Lichtkeimer); ab Mitte Mai in Töpfe pikieren und ab Ende Mai auspflanzen oder dann auch direkt ins Freie säen (Schneckenschutz!)
Boden: humos, sandig/lehmig, warm
Pflegen: bei genügend Wärme enorm raschwüchsig und relativ unempfindlich; Wuchshemmung bei anhaltender Nässe und Kälte; sehr schneckenanfällig, daher am besten Anbau in Töpfen und Schalen
Ernten: laufend frische junge Triebspitzen ernten, die vor der Blüte am aromatischsten sind; auch Blüten sind essbar

Expertentipp

DAS Basilikum für Tomatensalat und Pesto – davon sollten Sie immer genügend Pflanzen haben!

sonnig | halbschattig | schattig | viel gießen | mäßig gießen

Griechischer Oregano

Oreganum heracleoticum

Pflanzabstand: 25 x 25 cm
Erntezeit: Juli–September

Anbauen: Aussaat ab Februar im Gewächshaus und ab Mitte Mai mit 25 cm Abstand auspflanzen oder ab April direkt ins Freie; Lichtkeimer; Vermehrung auch durch Wurzelausläufer oder Stockteilung
Boden: trocken, durchlässig, nährstoffarm, kalkhaltig, warm, keine Staunässe
Pflegen: im Frühjahr Rückschnitt kurz über dem Boden; Flachwurzler; sehr winterfest; ideal zur Bepflanzung von Kästen und Kübeln
Ernten: fortlaufend frische Blätter und Triebspitzen ernten, während der Blüte am aromatischsten (dann zum Trocknen ernten); Blüten auch essbar

Rosmarin

Rosmarinus officinalis

Pflanzabstand: 50 x 50 cm
Erntezeit: Mai–September

Anbauen: Vermehrung am besten durch Stecklinge im Juli/August, die sich in sandigem Substrat gut bewurzeln lassen
Boden: durchlässig, leicht, trocken
Pflegen: am besten in großen Topf oder Kübel pflanzen, der im Sommer evtl. auch ins Beet ausgepflanzt werden kann; kalibetonte Düngung; nur in sehr milden Gegenden frosthart, ansonsten Überwinterung in einem hellen und kühlen Raum (2–8 °C), ab Ende Mai wieder ins Freie stellen; gedeiht gut in der Nachbarschaft von Salbei
Ernten: es werden Blätter und Triebspitzen und Blüten geerntet

Expertentipp

Die graulaubige, etwas breitwüchsige Sorte 'Arp' ist bis –22 °C winterfest.

Griechischer Bergtee

Sideritis syriaca

Pflanzabstand: 10 x 15 cm
Erntezeit: Mai–September

Anbauen: ab März am Fensterbrett oder ins warme Frühbeet aussäen oder ab Mitte Mai auch direkt ins Freie säen
Boden: durchlässig, mager, etwas kalkhaltig, leicht, trocken, auf keinen Fall zu feucht
Pflegen: am besten in großen Topf oder Kübel pflanzen, der im Sommer evtl. auch ins Beet ausgepflanzt werden kann; bei humos-sandigem und durchlässigem Boden in sonniger Lage, z. B. in der Kräuterspirale, ist die Pflanze jedoch auch problemlos im Freien zu halten und überwintert dort auch
Ernten: es werden die graufilzigen Blätter und Triebspitzen und die gelbgrünen Blütenkerzen geerntet

Expertentipp

Eignet sich gut als Tee mit mildem, zimtartigem Aroma bei Erkältung oder zur Entspannung.

Kräuter, die Kindern Spaß machen

Schokoladenblume

Berlandiera lyriata

Pflanzabstand: 30 x 30 cm
Blütezeit: Juni–September

Anbauen: die Samen keimen sehr langsam und ungleichmäßig, daher besser vorgezogene Jungpflanzen kaufen und ab Mitte/Ende Mai ins Freie setzen
Boden: durchlässig, leicht, auf keinen Fall zu feucht
Pflegen: am besten in großen Topf oder Kübel pflanzen, der im Sommer evtl. auch ins Beet ausgepflanzt werden kann; Überwinterung in einem hellen und kühlen Raum (2–8 °C), ab Ende Mai wieder ins Freie stellen; in milden Gegenden (Weinbauklima) Überwinterung mit Reisig- oder Vliesabdeckung auch im Freien möglich
Ernten: die Pflanze ist nur zum Schnuppern, nicht zum Essen geeignet; ihr ausgeprägtes Schokoladenaroma allerdings ist »umwerfend«

Gummibärchenblume

Cephalophora aromatica

Pflanzabstand: 40 x 40 cm
Blütezeit: Juni–Oktober

Anbauen: ab Mitte April am Fensterbrett oder im warmen Frühbeet aussäen und ab Mitte Mai auspflanzen oder ab Ende April auch direkt ins Freie säen oder zugekaufte Pflanzen ab Ende Mai ins Freie setzen
Boden: durchlässig, leicht, mager, trocken, warm, auf keinen Fall zu feucht
Pflegen: am besten im Balkonkasten oder Kübel als aromatische Sommerpflanze kultivieren, die nicht überwintert, sondern im nächsten Jahr wieder neu ausgesät wird
Ernten: die Pflanze ist nur zum Schnuppern, nicht zum Essen geeignet; die Blüten duften beim Zerreiben stark aromatisch nach Gummibärchen

Expertentipp

Die eher unscheinbaren Einzelblüten liefern in ihrer Vielzahl einen duftenden Dauerflor bis zum Frost.

Schokoladenkosmee

Cosmos atrosanguineus

Pflanzabstand: 15–25 cm
Blütezeit: Juni–Oktober

Anbauen: ab Mitte April am Fensterbrett oder im warmen Frühbeet aussäen und ab Mitte Mai auspflanzen oder ab Ende April auch direkt ins Freie säen oder zugekaufte Pflanzen oder überwinterte Wurzelknollen ab Ende April ins Freie setzen
Boden: durchlässig, leicht, auf keinen Fall zu feucht
Pflegen: die Wurzelknollen in einem hellen und kühlen Raum (2–8 °C) ähnlich wie Dahlienknollen überwintern und ab Ende April wieder auspflanzen
Ernten: die Pflanze ist nur zum Schnuppern, nicht zum Essen geeignet; sie überzeugt aber mit leicht herbem Zartbitterschokoladenaroma

Expertentipp

Die burgunderrote Blütenpracht hält sich bis zum ersten Frost!

Zitronenmelisse
Melissa officinalis

Pflanzabstand: 40 x 40 cm
Erntezeit: Juni–August

Anbauen: ab Februar/März am Fensterbrett oder im Gewächshaus aussäen und ab Mai auspflanzen oder Jungpflanzen kaufen oder große Pflanzen teilen; ca. alle 4 Jahre den Standort wechseln
Boden: locker, tiefgründig (Wurzeln bis 30 cm tief), humos, nährstoffreich, warm, nicht zu trocken
Pflegen: mit gelegentlichen Kompostgaben versorgen; mulchen; gedeiht auch gut im Staudenbeet, in großen Töpfen oder Kübeln; auch bei nur gelegentlicher Ernte regelmäßig stark zurückschneiden
Ernten: fortlaufend frische Blätter und Triebspitzen ernten; zum Trocknen ernten, bevor die Pflanzen zu blühen beginnen

Schokoladen-Minze
Mentha x *piperita* 'Chocolate'

Pflanzabstand: 20 x 20 cm
Erntezeit: Juni–August

Anbauen: Jungpflanzen kaufen und im Abstand von 20 cm setzen oder im Frühjahr durch Teilung großer Einzelpflanzen vermehren
Boden: humos, etwas nährstoffreich, leicht, feucht
Pflegen: gelegentliche Kompostgabe; bei Rostpilzbefall total zurückschneiden, bei ständigem Befall oder Schwachwüchsigkeit Anbauplatz wechseln; gedeiht auch gut im Topf oder Kübel
Ernten: fortlaufend frische Blätter und Triebspitzen bis kurz vor der Blüte ernten

Süßdolde/Myrrhenkerbel
Myrrhis odorata

Pflanzabstand: Einzelpflanze
Erntezeit: Mai–Juli

Anbauen: im Herbst in Saatschalen aussäen und diese im Dezember/Januar ins Freie stellen, da Frostkeimer; im März die Saatschalen am Fensterbrett aufstellen und langsam an höhere Temperaturen gewöhnen; ab Mitte Mai auspflanzen
Boden: humos, etwas nährstoffreich, gleichmäßig feucht
Pflegen: mit gelegentlichen Kompostgaben versorgen; mulchen; gedeiht auch im Staudenbeet, Topf und Kübel
Ernten: die frischen Blätter und Stängel können fortlaufend geerntet werden, später auch die noch grünen Samen

Expertentipp

Mit ihrer an Lakritze erinnernden Süße sind vor allem Stängelstückchen begehrte Naschereien.

wenig gießen | für Topfkultur geeignet | lagerfähig | kann getrocknet werden | kann eingefroren werden

Den

Küchengarten gestalten

Auch ein Küchengarten kann schön sein

Ist es Ihnen auch schon so ergangen: Sie sehen einen Garten, einen bestimmten Gartenbereich oder auch nur ein einzelnes Beet und haben auf Anhieb den Eindruck einer ansprechenden Harmonie, ohne genau sagen zu können, woran das denn nun eigentlich liegt?
Verschiedene Farben, Formen, Größen und Strukturen, wie wir sie im gesamten Pflanzenreich finden, sind auch im Nutzgarten der Schlüssel zu einer gelungenen Gestaltung.

Jeder Einzelpflanze kommt im Gesamtkonzept eine ganz bestimmte Aufgabe zu. Betrachten Sie Obst, Gemüse und Kräuter doch einmal gezielt hinsichtlich ihrer Größe, Form, Farbe und besonderen Struktur: Verschiedene Farben lassen sich wechselseitig stärker leuchten und hervortreten. Unterschiedliche Formen heben sich gegenseitig hervor, konkurrieren oder harmonieren miteinander. Auffälliges braucht Ruhiges als Nachbarn, um einen exklusiven Gesamteindruck zu schaffen. Bizarre Formen, außergewöhnliche Farben sorgen für Blickfänge.

- Beginnen Sie mit einem Beet oder kleineren Gartenteilen, um besondere Gestaltungsideen auszuprobieren.
- Setzen Sie bunte Kräuter- und Gemüsesorten zwischen Sommerblumen und Stauden, um eine ländlich heitere Stimmung zu erzeugen.
- Wählen und kombinieren Sie bizarr geformte Gemüsearten in aktuellen Trendfarben, und Sie werden die »Bestandteile« dieses exklusiven Arrangements am liebsten gar nicht mehr ernten und aufessen wollen!
- Wenn Sie die farblichen Schwerpunkte oder Kombinationen von Jahr zu Jahr variieren, können Sie Ihrem Garten immer mal wieder ein neues Gesicht verleihen.

Das »Grundgerüst« der Gestaltung

Gehölze – natürlich auch in Form von Obstbäumen oder Beerensträuchern – bilden häufig das »Grundgerüst« verschiedener Gestaltungskonzepte. Bäume setzen Akzente im Garten, betonen eine bestimmte Platz- oder Raumsituation. Hecken und Sträucher wirken als Raumteiler, als grüne Begrenzungen oder als ruhiger Hintergrund für eine vielgestaltige und abwechslungsreiche Pflanzung.
Ob Hochstamm, Halbstamm, Busch- oder Spalierbaum – die verschiedenen Obstbaumformen eignen sich – als Einzelstück oder in Gruppen – ganz hervorragend für verschiedene Möglichkeiten der Gestaltung.

Mit Farben spielen

Wenn wir einen schönen Garten oder auch nur ein einzelnes, ansprechend arrangiertes Beet betrachten, sind es in erster Linie die Farben, die auf uns wirken. Mal bunt gemischt, mal farblich abgestuft, mal Ton-in-Ton; – je nach Gestaltungsvorliebe immer ein wenig anders, aber immer lebendig.

Nicht alles ist »Einheitsgrün«

Die vorherrschende Farbe im Garten ist das Grün der Blätter, ganz besonders natürlich in einem Nutzgarten.

- Jedoch auch Grün ist nicht gleich Grün. Graugrün von Lavendel, Salbei und Wermut, Gelbgrün von Chicorée und Endivie, Hellgrün von Salat, Möhren und Fenchel, Dunkelgrün von Mangold und Spinat, Blaugrün von Grünkohl und Weinraute ... – alle diese verschiedenen Abstufungen und Nuancen konkurrieren nicht etwa miteinander, sondern sorgen gemeinsam für ein harmonisches und vielfältiges Gartenbild. So kann allein schon die gezielte Kombination verschiedener Grüntöne im Küchengarten äußerst ansprechend wirken.
- Oder Sie entscheiden sich für eine bestimmte »grüne« Variante und pflanzen verschiedene Gemüse und Kräuter eines Farbtons zusammen, um vor diesem tragenden Hintergrund dann die auffälligeren Farben von Blüten oder Früchten zu präsentieren. Verschiedene Salate, Spinat, Buschbohnen und Möhren in Dunkelgrün lassen z. B. rote Blüten und Früchte besonders intensiv leuchten, und eine Zusammenstellung aus Kohlrabi, Salbei und Currykraut bringt Blüten und Früchte in Gelb, Orangefarben und Blauviolett so richtig zur Geltung.
- Es gibt aber auch eine ganze Menge Gemüse-, Obst- und Kräuterarten und -sorten, die mit ihren Blättern »Farbe bekennen«, z. B. rotblättrige Gewächse wie Bronzefenchel, Purpurbasilikum, Rote Gartenmelde, Rotkohl und herbstfärbende Beerensträucher, ebenso wie Pflanzen mit weiß- und gelbbuntem Laub, z. B. Sorten von Minze, Salbei oder Melisse.

Zierkohl im Buchsrahmen

Manchmal ist sogar eine einzelne Pflanzenart ausreichend, um ein besonderes und auffälliges Arrangement anzulegen. Hier ist es ein Zierkohl, mit wie gerüscht wirkenden Blättern in knalligen Pink- und Grüntönen, von dem ein ganzes Beet voll einen unübersehbaren Blickfang bildet. Eine dermaßen extravagante Pflanze kommt meist besser zur Geltung, wenn Sie sie für sich allein wirken lassen. Eingefasst werden die trendigen Kohlgewächse von einer in Form geschnittenen, niedrigen Buchshecke, die tatsächlich wie ein Bilderrahmen wirkt, der das farbenfrohe Gemüse durch sein Einheitsgrün und die schlichte Form wirkungsvoll in Szene setzt.

Blüten & Früchte bringen Farbe ins Beet

Doch trotz rotblättriger Salate und panaschierter Blätter – in erster Linie kommen die anderen Farben neben dem vorherrschenden Grün hauptsächlich in Blüten und Früchten vor. Von den erstgenannten finden sich im Nutzgarten meist nicht ganz so viele, von den zweiten dagegen eine ganze Menge.

- Eine Möglichkeit, die »Blütenquote« im Kräuter- und Gemüsegarten zu steigern, ist die Verwendung von ausgesprochenen Blüten-Kräutern wie Borretsch, Kapuzinerkresse, Lavendel, Oregano, Ringelblume und Ysop. Gerade die Einjährigen unter ihnen sind oft so üppige und ausdauernde Blüher, dass so manches Zierbeet vor »Neid« erblassen könnte!
- Und schließlich sind da noch die farbenfrohen Früchte von typischem Sommergemüse wie Auberginen, Kürbis, Tomaten, Zucchini & Co. Sie liefern nicht nur leckere Geschmackserlebnisse, sondern auch kräftige und leuchtende Farben für verschiedene Gestaltungsideen.
- Um einzelne farbliche Akzente zu setzen, eignen sich Töpfe und Gefäße mit blühendem oder fruchtendem Sommergemüse.

Farben gezielt verwenden

Gerade die Verwendung von Farben wird meist von individuellen Vorlieben geprägt. Denn die verschiedenen Farben und Farbzusammenstellungen lösen ganz unter-

Küchen- und Würzkräuter sind meist eine farbenfrohe Gesellschaft, denn ihre Blätter und Triebe warten mit den verschiedensten Grüntönen auf, und ihre leuchtenden Blüten sind nicht zu übersehen.

schiedliche Stimmungen aus, werden als fröhlich, heiter, edel, extravagant, warm oder kühl empfunden.
Wollen Sie die Farbigkeit Ihrer Küchenbeete nicht dem Zufall überlassen, sondern gezielt mit Farben gestalten, dann haben Sie verschiedene Möglichkeiten:

- Wenn Sie einer **Ton-in-Ton-Pflanzung** den Vorzug geben, können Sie kaum etwas falsch machen, da es keine farblichen »Querschläger« gibt, die das harmonische Bild stören. Wählen Sie am besten Rot oder Gelb, weil Sie bei diesen Farben auch im Gemüse- und Kräutersortiment eine große Auswahl haben.
- Sie können sich auch schwerpunktmäßig auf die Kombination von **Komplementärfarben** wie Rot und Grün oder Blau und Gelb/Orange verlegen. Der Rot-Grün-Kontrast ist auch für Gestaltungs-Einsteiger recht einfach zu bewerkstelligen, da er allein schon aus dem Grün von Blättern und Trieben und dem Hinzufügen einzelner roter Farbtupfer von Laub oder Blüten entsteht.
- Schließlich gibt es noch die beliebte und bewährte Möglichkeit der **Farbverläufe**. Das bedeutet, dass gemischte Beete, die uns besonders gelungen erscheinen, oft nicht nur einfach »bunt« sind, sondern, der Farbstaffelung einer Palette folgend, von Gelb über Orange zu Hell- und Dunkelrot bepflanzt sind. Mit Dill, Kapuzinerkresse, Kürbis, Johanniskraut, Ringelblume, Paprika, Tomaten, gelbblättrigem Salbei und verschiedenfarbigen Stachel- und Johannisbeersorten könnten Sie z. B. eine solche harmonische Farbabfolge erreichen.
- Auf Terrassen und Balkonen stehen Ihnen in Bezug auf das Spiel mit den Farben noch zusätzliche Stilmittel zur Verfügung: Töpfe und andere Gefäße und Accessoires wie Markisen, Sonnenschirme, Sitzmöbel, Polster und vieles andere mehr können in die farbliche Ausgestaltung der Bepflanzung mit einbezogen werden.

Möchten Sie den Eindruck von Wärme und Sonne noch verstärken, wählen Sie gelbe und orangefarbene Pflanzenfarben und dazu passende Accessoires.
Soll Ihr Balkon lieber Kühle an heißen Sommernachmittagen ausstrahlen, entscheiden Sie sich für Zusammenstellungen in Blau.
Wer's klassisch und edel mag, gibt Weiß und Grün bei Pflanzen und Accessoires den Vorzug.

Formen, Texturen und Größen

In der Regel sind es zuerst die Farben der Gartenpflanzen, auf die wir unser Augenmerk und unsere Aufmerksamkeit richten. Doch im Nutzgarten sind die Blüten nicht unbedingt vorherrschend – hier kommen eher die verschiedenen Pflanzenformen ins Spiel. Und auch hier ist es ganz ähnlich wie beim gestalterischen Umgang mit Farben: Eine scheinbar zufällige Zusammenstellung verschiedener Pflanzen, die auf uns harmonisch oder spannungsreich wirkt, entpuppt sich meist als wohl durchdachte Mischung unterschiedlicher Pflanzenformen. Da erzeugen breit niederliegende neben aufrecht wachsenden Pflanzen, runde neben schmalen Pflanzengestalten, eintriebige zusammen mit buschig wachsenden Arten einen gelungenen und ansprechenden Gesamteindruck.

Die Form macht's

Ausgerechnet im Gemüsegarten, der von vielen hinsichtlich seiner bewussten Gestaltung eher stiefmütterlich behandelt wird, bietet sich eine außergewöhnlich große Auswahl an verschiedenen Wuchsformen. Salate, Kräuter und Gemüsepflanzen halten so viele unterschiedlich geformte Vertreter bereit, dass es nicht schwer fällt, ein Beet oder eine Pflanzfläche in ein planvolles Miteinander zu verwandeln, das abwechslungsreich und ansprechend wirkt.

- Kohl- und Salatköpfe, Kohlrabi und ebenso die rundlichen Horste verschiedener Kräuter, formierte, kugelige Gestalten aus Buchs oder anderen Immergrünen sind eindeutig Vertreter der »runden« Fraktion.
- Dill, Knoblauch und Knobiflirt, Lauch, Stangenbohnen, Tomaten und Zwiebeln streben so deutlich in die Höhe, dass sie ein gelungenes Pendant zu allem Rundlichen darstellen.
- Auch Obstgehölze, die oftmals das Zentrum eines Gartens oder Gartenteils markieren, sind herausragende und markante Elemente.
- Kapuzinerkresse, Kürbisse, Süßkartoffeln und Zucchini, die mit ihren rankenden und niederliegenden Trieben flächig ausgebreitete Horste bilden, eignen sich bestens, gerade Linien, Kanten und Ränder aufzulockern.
- Artischocke, Grünkohl und Palmkohl sind von bizarrem, manchmal nahezu architektonischem Wuchs und setzen eindeutige Akzente, wo immer sie auftauchen.

Und selbst Küchengärten, bei denen der gestalterische Aspekt keineswegs im Vordergrund steht, geraten oftmals zum attraktiven Highlight, denn das Prinzip der Mischkultur, das im naturgemäßen Gartenbau aus Gründen des Pflanzenschutzes und zum Wohle der Pflanzengesundheit entwickelt wurde, fördert automatisch eine Zusammenstellung verschieden geformter Pflanzenarten.

Glatt, runzlig, gerippt, gekräuselt

Gemüse- und Kräuterpflanzen unterscheiden sich aber nicht nur hinsichtlich Farbe und Form, sie weisen auch verschiedene Texturen auf, d. h., die Oberflächenbeschaffenheit von Blättern, Blüten und Früchten ist ebenfalls vielfältig und unterschiedlich. Glatte Tomaten hängen ne-

Besonders imposante »Gemüse-Stars«

Artischocke	Pflanze 1,5–2 m hoch und 1–1,2 m breit; Blätter tief geteilt mit lanzettartigen Spitzen; Laub blau- oder graugrün; große Blütenknospen mit schuppenartig übereinander liegenden Hüllblättern; Blüten intensiv violettfarben
Gewürzfenchel	Pflanze bis zu 2,2 m hoch und 1,5 m breit; einen dichten Horst bildend aus aufrechten Trieben mit fein verzweigtem Laub; Triebe und Blätter blaugrün oder rotbraun; gelbgrüne Doldenblüten
Grünkohl	Pflanze 80–100 cm hoch; mit blaugrünen oder rotbraunen Blättern, die an den Rändern fein gekraust und gekräuselt sind; verträgt einige Frostgrade
Liebstöckel	Pflanze bis zu 2 m hoch und 1,50 m breit; dicht und buschig wachsend; mit glänzend grünem Laub und gelbgrünen Blütendolden; gedeiht auch gut im großen Topf oder Kasten
Topinambur	Pflanze bis zu 2 m hoch und 2 m breit; viele dicht stehende, aufrechte Stängel mit dunkelgrünen Blättern und gelben Blüten, die an kleine Sonnenblumen oder an Sonnenhut erinnern
Toskanischer Palmkohl	Pflanze 1–1,5 m hoch; mit palmenartigem Blattschopf und dunkelgrünen oder rotbraunen Blättern; wenn er den Winter überdauert, blüht er zusammen mit Tulpen und Narzissen

Die Familie der Kohlgewächse liefert jede Menge interessante Pflanzenformen für Aufmerksamkeit erregende Gestaltungsideen, so z. B. auch Palmkohl und Grünkohl in verschiedenen Farbvarianten.

ben runzligen Warzenkürbissen, glänzende Mangoldblätter stehen neben rauhaarigem Borretsch, schirmartiger Palmkohl erhebt sich neben zartem Möhrenlaub.

- Besonders interessant wirken Kräuter, Salate und Gemüsearten, deren Blätter mehr oder weniger stark gekräuselt oder gerüscht sind. Hierzu zählen Krause Minze und Mooskrause Petersilie, Endivien- und Friséesalate, Grün- und Zierkohl.
- Auffällige grobe Strukturen zeigt auch der Wirsing mit seinen wie genoppt aussehenden Blättern, die einen idealen Hintergrund für so manches zarte Kräutlein abgeben.
- Filigranes, feines Laubwerk haben Dill, Gewürz- und Knollenfenchel, Kerbel, Koriander und Möhren.
- Filzig behaart sind die Blätter von Griechischem Bergtee, rauhaarig hingegen kommt der himmelblau blühende Borretsch daher.

Machen Sie sich diese Vielfalt im Pflanzenreich zunutze, indem Sie bewusst Grobes mit Feinem, Raues mit Weichem und Wolligem, Glattes mit Haarigem kombinieren. Schon in kurzer Zeit wird Ihr Nutzgarten nicht nur für Gaumenkitzel, sondern auch für Augenweide sorgen!

Die Kleinen nach vorn!

Nicht zuletzt lebt eine gelungene Gartengestaltung von Pflanzen in unterschiedlichen Größen. Auch im Nutzgarten gibt es Riesen und Zwerge, die – entsprechend platziert – ihre Wirkung harmonisch entfalten können.

- Setzen Sie große, hohe Pflanzen wie z. B. Artischocke, Beifuß, Gewürzfenchel, Palmkohl oder Topinambur in die Mitte eines Beetes oder in den Hintergrund.
- Gruppieren Sie mittelhohe Pflanzen so davor oder drum herum, dass sie die höheren Arten halten und stützen – so überlebt Ihr wohldurchdachtes Gartenarrangement auch sommerliche Regengüsse und das eine oder andere Gewitter!
- Die Kleinen nach vorn! Das gilt auch im Küchengarten. Staffeln Sie die Pflanzen von Hoch nach Niedrig, so dass alle Pflanzen einen angemessenen Platz bekommen, an dem sie nicht nur optisch gut aussehen, sondern an dem sie auch optimale Bedingungen zum Wachsen erhalten, d. h. ausreichend Luft und Licht für alle!

So gestaltet, ist Ihr Garten schön, nützlich und naturgemäß – alles in einem!

Obstgehölze als Blickfang

Ob blühend oder fruchtend, klein oder groß, einzeln oder in Gruppen – Obstgehölze sind immer »Hingucker« im Garten und prägen sein Bild im Verlauf der Jahreszeiten immer wieder neu.
Ist ausreichend Platz vorhanden, setzen Sie einen Obstbaum als Schattenspender, als »grünen Schirm« neben einem Sitzplatz oder als Mittelpunkt eines Beetes oder einer Pflanzung.
Im kleineren Garten können Obstspaliere für eine Begrünung von Wänden und Mauern sorgen oder als »lebende grüne Zäune« sowohl Blickfang als auch Begrenzung sein. So schlagen Sie gleich zwei Fliegen mit einer Klappe: eine ansprechende Gestaltung und schmackhafte Früchte!
Auch Beerensträucher sind Multitalente bei einem geringen Platzangebot: In Form von Hochstämmchen betonen Johannisbeeren oder Stachelbeeren einen Beetmittelpunkt, als Sträucher bieten sie empfindlichen Gemüse- und Kräutersorten Windschutz. Heidelbeeren oder Erdbeeren können Gemüsebeete einrahmen oder abtrennen. Und auch auf Balkon und Terrasse bieten Obstgehölze vielfältige Einsatzmöglichkeiten in Töpfen und Kübeln, Kästen und Hängekörben.

Spalierobst – vielfältig einsetzbar

Spalierbäume machen kahle und unattraktive Wandflächen im Nu lebendig, und langweilige Zäune werden zum grünen Schmuckstück. Im Frühling sind Wände und frei stehende Spaliere mit einer Fülle zarter und duftender Blüten überzogen, im Sommer verschwinden unschöne Mauern und Zäune unterm Grün, und selbst schmale, freie Spalierreihen bieten einen gewissen Sichtschutz. Zur Erntezeit im Herbst werden dann die verschiedenfarbigen Früchte noch mal zum Blickfang, und wenn Sie sich für ein Weinspalier entschieden haben, bekommen Sie als Zugabe sogar noch ein leuchtendes Farbenspektakel in flammendem Rot. Sie können Spalierbäume bis zu einer Höhe von 2–2,5 m ziehen. Denken Sie jedoch bei der Höhe und auch bei einer Pflanzung am Zaun daran, dass Sie für Pflege- und Erntemaßnahmen noch einen guten Zugang zu allen Seiten der Bäume haben müssen. Die seitlichen Triebe der Bäume heften Sie an waagerecht gespannten Drähten an; was steil nach oben oder zu den anderen Seiten wächst, wird entfernt. Wenn Sie keine Drähte spannen möchten, wählen Sie Bäume, die bereits in der Baumschule in Spalierform gezogen worden sind. Binden Sie Bambusstäbe oder Holzlatten an die bereits waagrechten Äste, um daran weitere Triebe anheften zu können.
Das Gerüst für ein Wandspalier soll mindestens 10 cm Abstand zur Wand haben!

Apfelspalier als »Raumteiler«

Wenn Sie keine absolut dichte Hecke oder Sichtschutzwand haben möchten oder »offene Grenzen« zwischen Grundstücken nicht mit Zäunen abgrenzen wollen, fungiert ein frei stehendes Obstspalier hervorragend als »grüner Raumteiler«. Spannen Sie 3–5 starke Drähte waagerecht zwischen zwei schräg gestellte Holzpfähle in Nord-Süd-Richtung und setzen Sie die Bäume daran entlang. Am besten eignen sich Obstarten und -sorten, die keine ausgesprochen hohen Wärmeansprüche haben. Pflanzen Sie z. B. verschiedene Apfelsorten mit verschiedenen Blüh- und Erntezeiten in eine Spalierreihe.

Blickfang Beeren-Hochstamm

Johannisbeer- oder Stachelbeer-Hochstämmchen eignen sich hervorragend, um gestalterische Akzente zu setzen. Ein kleines Stauden- oder Frühlingsbeet, ein Rondell in der Mitte eines Gemüse- oder Bauerngartens, ein mit Buchs eingefasstes Kräuterbeet oder auch ein Gemüse- oder Erdbeergärtchen auf kleinstem Raum – überall dort wird mit einem Beeren-Hochstamm als Mittelpunkt eine kleine Gartenecke zum gelungenen Ensemble.

Expertentipp

Die Hochstammform erleichtert Ihnen auch die anfallenden Pflege- und Erntearbeiten.

Grüner Schirm mit süßen Früchten

Was sagen Sie zu diesem einladenden Kiwi-Baldachin? Macht er nicht Lust zum Nachmachen?
Das ist gar nicht so schwer, denn rankende, schlingende oder kletternde Obst- und Beerenarten eignen sich optimal zum Bewachsen von Rankgerüsten, Spalieren und Pergolen. Lassen Sie sich an besonders geschützten Sitzplätzen von Weinreben oder Kiwipflanzen »umgarnen« und »versüßen« Sie sich lauschige Plätzchen auf Balkon oder Terrasse mit rankenden Beerensträuchern in großen Pflanzgefäßen oder Kübeln.

»Ein Beet sieht rot«

Kaum eine andere Farbe wirkt im Garten so ausdrucksstark und auffallend wie Rot. Besonders spannungsgeladen kommen rote Blüten daher, wenn sie sich im wirkungsvollen Komplementär-Kontrast zu grünem Laub und Blattwerk präsentieren. In diesem Beet vor einer roten Ziegelmauer sind es in erster Linie rot blühende Zierpflanzen, wie die Rose 'Altissimo' und Montbretien (Crocosmia x crocosmiiflora 'Lucifer'), die den Ton angeben. Jedoch mindestens ebenso hitverdächtig ist der Rotstielige Mangold (Beta vulgaris var. cicla), in dessen Blättern sowohl das Rot der Blüten als auch das Grün des umgebenden Laubes vereint sind. Lassen Sie dieses auffällige Gemüse doch ruhig öfter in Schmuckbeeten Einzug halten!

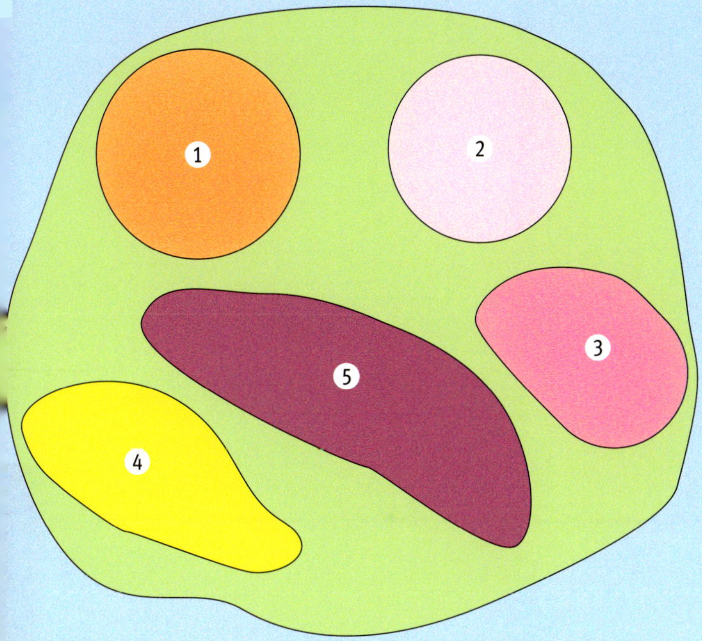

Das brauchen Sie:

1. Montbretie 'Lucifer' (*Crocosmia* x *crocosmiiflora* 'Lucifer'), ca. 30 cm breit, 60–80 cm hoch; 3 Pflanzen
2. Rose 'Altissimo', 70–100 cm breit, 60–120 cm hoch; 1 Pflanze
3. Kapuzinerkresse 'Red Wonder' (*Tropaeolum majus* 'Red Wonder'), 30–40 cm breit, 30–40 cm hoch; 3 Pflanzen
4. Kokardenblume 'Red Plume' (*Gaillardia*-Hybride 'Red Plume'), 20–30 cm breit, 20–40 cm hoch; 5 Pflanzen
5. Rotstieliger Mangold (*Beta vulgaris* var. *cicla*), 30–40 cm breit, 30–50 cm hoch; 3 Pflanzen

So pflanzen Sie:

Alle hier verwendeten Pflanzen brauchen einen vollsonnigen Standort und einen nahrhaften, nicht zu schweren Boden.

- Die Rose kaufen Sie am besten im Container, dann können Sie sie auch pflanzen, wenn sie bereits Blätter und Blüten angesetzt hat.
- Montbretien bekommen Sie als Jungpflanzen im Topf oder als lose Zwiebeln. Damit die duftenden Blüten zuverlässig im Juli erscheinen, brauchen die Pflanzen einen lockeren, durchlässigen Boden und im Winter einen Schutz aus Laub und Fichtenreisig
- Die einjährige Kapuzinerkresse müssen Sie jedes Jahr neu heranziehen oder Sie kaufen kleine Pflänzchen, die Sie ab Ende April/Mai dann ins Beet setzen.
- Kokardenblumen können auch mal einige Jahre im Garten überdauern. Zuverlässiger ist es jedoch, sie jedes Jahr ab April vorzuziehen oder junge Pflanzen zu kaufen. Ausgepflanzt werden sie dann ab Ende Mai.
- Den Mangold säen Sie ab April 2–3 cm tief in Reihen auf ein separates Beet. Vereinzeln Sie ihn nach dem Aufgehen auf 20 cm. Jungpflanzen im Mai ins Beet setzen.

Expertentipp

An Stelle der Montbretien können Sie auch einjährige Feuerlobelien (Lobelia fulgens) der Sorte 'Cherry Ripe' (scharlachrote Blüten, grünes Laub) oder 'Königin Victoria' (scharlachrote Blüten, rotbraunes Laub) verwenden.

So pflegen Sie:

Frühling: Ab März die Kapuzinerkresse vorziehen oder im April/Mai direkt ins Freie säen. Ab April Mangold im Freien aussäen. Nach dem Aufgehen vereinzeln, dann umsetzen.

Sommer: Bei Trockenheit gießen. Regelmäßig Verblühtes entfernen. Die Rose im Juli mit einem Rosendünger düngen. Soll der Mangold geerntet werden, Ersatzpflanzen nachziehen.

Herbst: Die Knollen der Montbretien entweder aus dem Boden nehmen und trocken im Haus überwintern oder etwa um die Hälfte zurückschneiden und abdecken. Rose anhäufeln.

Winter: Die Montbretienknollen auf Faulstellen kontrollieren, wenn sie im Haus überwintert werden. Winterschutz im Garten kontrollieren. Sonst sind jetzt keine Pflegearbeiten nötig.

Was Gemüse, Salat und Kräuter so bieten

Gemüse, Salat und Kräuter bieten sich mit ihrer reichen Formenvielfalt geradezu an, im Küchengarten nicht nur nach zweckmäßigen, sondern auch nach gestalterischen Gesichtspunkten kombiniert zu werden. Entscheiden Sie bei einzelnen Beeten im Vorhinein, wer die »Hauptrolle« spielen soll, d. h., welche Pflanzenart mit ihrem typischen Wuchs und ihrer charakteristischen Form die Gestaltung der Pflanzfläche bestimmt. Suchen Sie dann geeignete Nachbarn aus, die entweder als Kontrast wirken oder eine ruhige Kulisse für den »Hauptdarsteller« schaffen.

Setzen Sie auffällige und hohe Pflanzen in den Beethintergrund oder in die Mitte und gruppieren Sie niedrige Gemüse und Kräuter davor oder drum herum – dann kommen alle Einzelpflanzen gut zur Geltung.

Vergessen Sie bei allem gestalterischen Eifer aber nicht, dass die verschiedenen Pflanzenkombinationen auch von ihren Boden- und Standortansprüchen her zusammenpassen müssen, denn nur gesunde und kräftig wachsende Pflanzen ergeben ansprechende und ausdrucksvolle »Gartenbilder«.

Zwiebel & Salat – ein tolles Paar!

Diese einfache Zusammenstellung aus Gemüsezwiebeln und Salat, mit blühenden Ringelblumen garniert und von rotblättrigem Grünkohl gekrönt, ist ein eindrucksvolles Beispiel für die vielfältige Formensprache im Gemüsegarten. Denn das straff aufrecht wachsende Zwiebellaub kontrastiert hervorragend mit den runden Salatköpfen. Die flachen Scheibenblüten der Ringelblumen sitzen auf ihren Stielen wie schwebend zwischen Salat und Zwiebeln, und die krausen Blätter des Grünkohls setzen kräftige Akzente. Auch die verschiedenen Farben tragen zur gelungenen Gestaltung dieses Beetes bei.

Der Meerkohl gibt den Ton an

In diesem Beet fallen zuerst die rahmweißen Blütenstände des Meerkohls (*Crambe maritima*) auf, die einen deutlichen Kontrast zum kräftigen, kohlartigen Laub der Pflanze selbst und auch zu den rotblättrigen Salaten und Zwiebeln bilden. Beim Meerkohl handelt es sich um eine wenig bekannte Gartenstaude, deren fleischige Blattstiele jedoch schon im Mittelalter als Gemüse gegessen wurden. Heute wird er meist nur als Zierpflanze verwendet und ist aufgrund seiner Größe und seiner auffälligen, duftenden Blütenstände in jedem Fall eine beeindruckende Erscheinung.

Zarte Blüten zum derben Kohl

Aufgrund seiner noppenartig wirkenden Blattstruktur und seiner ausladenden, derben Gestalt ist der Wirsing der ideale Nachbar für klein- und zartblättrige Pflanzen und blühende Kräuter.
Wie ein behäbiger Herr thront er denn auch hier zwischen blühenden Studentenblumen (*Tagetes*) und duftiger Ananasminze (im Bild rechts oben). Zum Wirsing passend zeigt auch der rotlaubige Mangold große, breite Blätter, allerdings nicht in Form eines Kopfes, sondern als lockere, nach oben stehende Büschel.

Gemüsebeet im Barockstil

Das Zentrum dieser Beetgestaltung bildet ein Wermut mit feinem, silbergrauem Laub, umgeben von gekraust und gekräuselt wachsenden Frisée-Salat-Köpfen und rotlaubigen Buntnesseln (*Solenostemon*). Auch die Pflanzen im Hintergrund, Blaukraut und Grünkohl, heben durch ihre auffallenden Blattformen und -strukturen das barocke Ensemble in der Mitte noch einmal deutlich hervor.

Expertentipp

Sie können statt der Buntnesseln auch rotblättrige Perilla pflanzen, wenn Sie keine Zierpflanzen verwenden wollen.

Blütenwunder Schnittlauch

Auch in der Gestalt einer einzelnen Pflanze können mehrere unterschiedliche Formen wirkungsvoll miteinander kontrastieren. Wenn Sie dem Schnittlauch einmal erlauben, seine kräftig rosafarbenen Blüten auszubilden, wird dieses Prinzip an einem simplen Beispiel deutlich. Die zahlreichen kugeligen Blütenstände über den grasartigen Laubbüscheln sind schon für sich allein ein hübscher Blickfang. Geeignete Partner auf dem Beet wären runde Salatköpfe oder breitblättrige Kräuter. Ist Ihr Schnittlauch voll erblüht, verwenden Sie ruhig die Blüten zum Würzen.

Im Küchengarten wird's farbig

Bunte Salatsorten

- Bunter Römischer Salat (rot-grün panaschiert)
- Kopfsalat 'Blutstropfen' (Blätter grün gesprenkelt)
- Pflücksalat 'Lollo rossa' (Blätter rotbraun)
- Radicchio 'Palla rossa' (Blätter weinrot oder rot-grün gesprenkelt)
- Roter Romanasalat 'Teufelsohren' (granatrot)
- Roter Eichblattsalat 'Feuille de chêne rouge' (Blätter braunrot)
- Roter Eichblattsalat 'Red sails' (Blätter intensiv rot)

Wer meint, dass Salat- und Gemüsebeete nur Einheitsgrün zu bieten haben und bunte Farben den Zierpflanzen vorbehalten sind – der irrt!
Schon längst haben unterschiedlichste Farben ihren Einzug im Küchengarten gehalten. Bei Salat, Mangold, Melde, Grünkohl, Rotkraut, Kohlrabi sind es in erster Linie die Blätter, Triebe oder Blattstiele, die für bunte »Hingucker« sorgen. Typische Fruchtgemüsearten wie Tomaten, Zucchini, Auberginen, Kürbis oder Paprika hingegen warten mit den erstaunlichsten Ausfärbungen ihrer Früchte auf, die darüber hinaus auch noch gestreift, gefleckt, gemasert, uni oder mehrfarbig sein können. Und nicht zuletzt schmücken sich auch viele Küchenkräuter mit bunter Blütenpracht.
Bringen Sie Farbe ins Gemüsebeet und legen Sie Mischpflanzungen aus den gängigen Sorten und einigen farbigen Spielarten an.

Rot-Grün-Kontraste

Rote Farbstoffe sind in der Natur gar nicht so selten zu finden. Die so genannten Anthocyane kommen in Blüten, Blättern und Früchten vor und sind wertvolle und gesunde Zusatzstoffe für unsere Ernährung.
Im Garten lassen sich gerade mit einer Bepflanzung in den Komplementärfarben Rot und Grün wirkungsvolle Kontraste setzen, und das nicht nur im Stauden- oder Sommerblumenbeet. Eine besonders imposante und auffällige Erscheinung ist der rotstielige Mangold, der seine rot geaderten Blätter und flammend roten Blattstiele ins Spiel bringt – auch für sich allein schon eine wirkungsvolle Gestalt. Aktuelle Ziergemüsearten – die übrigens auch gegessen werden können –, wie rotblättrige Melde und roter Amaranth, tragen das ihre dazu bei, ein Beet in pulsierenden Rottönen leuchten zu lassen.
Für noch mehr Rot im Beet pflanzen Sie Stangenbohnen mit rotvioletten Schoten, blauvioletten Kohl und Rote Bete mit besonders intensiv dunkelrot gefärbten Blättern. Durch einzelne hellrote Blütenpflanzen wie z. B. einjährige Feuerlobelien (siehe Bild) oder mehrjährige Brennende Liebe (*Lychnis chalcedonica*) verpassen Sie dem Beet sozusagen noch ein farbliches Ausrufungszeichen, das ihm die ungeteilte Aufmerksamkeit des Betrachters verschafft. Lieben Sie es »schriller«, dann pflanzen Sie statt dessen orangefarbene Ringelblumen.

Lila-blaue Kräuterkomposition

Farblich aufeinander abgestimmte Ton-in-Ton-Pflanzungen lassen sich mit blühenden Kräutern besonders gut verwirklichen. So blühen hier z. B. Lavendel, Salbei und Katzenminze (*Nepeta*) in verschiedenen Blau- und Lilatönen um die Wette. Setzen Sie dazu Rotkohl oder 'Lollo Rosso' mit ihren starken Blattfarben, dann bringen Sie noch kräftigere Farbaspekte ins Spiel. Oder Sie komponieren eine Sinfonie in sonnenwarmem Gelb aus Ringelblumen und Kapuzinerkresse, die Sie zwischen leuchtende Kürbis- und Zucchinifrüchte setzen.

Dem Salat wird es nie zu bunt …

Normalerweise ist Grün die typische Farbe, die wir beim Blick aufs Salatbeet erwarten. Umso besser, wenn es auch dort bunt wird! Mittlerweile gibt es eine immense Sortenvielfalt an rot- oder braunlaubigen oder sogar rötlich gesprenkelten und gefleckten Salaten, unter ihnen auch viele Asia-Salate (siehe Bild). Die Färbung hat auch noch einen nützlichen Nebeneffekt: Rotlaubige Salate leiden unter deutlich geringerem Läusebefall als hellgrüne!

Expertentipp

Im Fachhandel gibt es auch Samenmischungen »Bunte Salate«, die ein buntes Sortiment enthalten.

Der Renner: buntlaubiger Mangold

Die verschiedenen Mangold- (und Ziermangold-)Sorten kommen dem Trend zu mehr Farbe und Gestaltung im Nutzgarten sehr entgegen. Mangold mit kräftig orangefarbenen Blattstielen ist vielfältig kombinierbar: Lassen Sie ihn mit den Grün- und Rottönen von Salaten und Roter Bete kontrastieren (siehe Bild), arrangieren Sie ihn auf farbkräftigen Ton-in-Ton-Beeten mit Studentenblumen, gelbfrüchtigen Zucchini und leuchtend orangefarbenem Kürbis oder pflanzen Sie ihn mit blauen Blütenkräutern, silberlaubigem Wermut und Rotkohl aufs Beet.

»Graue Eminenzen« im Kräuterbeet

Küchen- und Würzkräuter warten mit einer enormen Vielfalt hinsichtlich ihrer Laubfarben und -strukturen auf. Dieses Beet zeigt, wie Sie sich diese Reichhaltigkeit zunutze machen können. Hier sind es vor allem grau- und silberlaubige Kräuter wie Eberraute und Heiligenkraut, flankiert von Zierstauden wie dem Wolligen Ziest und Blauschwingel, die der Pflanzung einen eigenständigen Charakter verleihen. Die lanzenartigen Blätter des Weißbunten Kalmus und eine Rotlaubige Zwergberberitze setzen dazu noch markante Akzente.

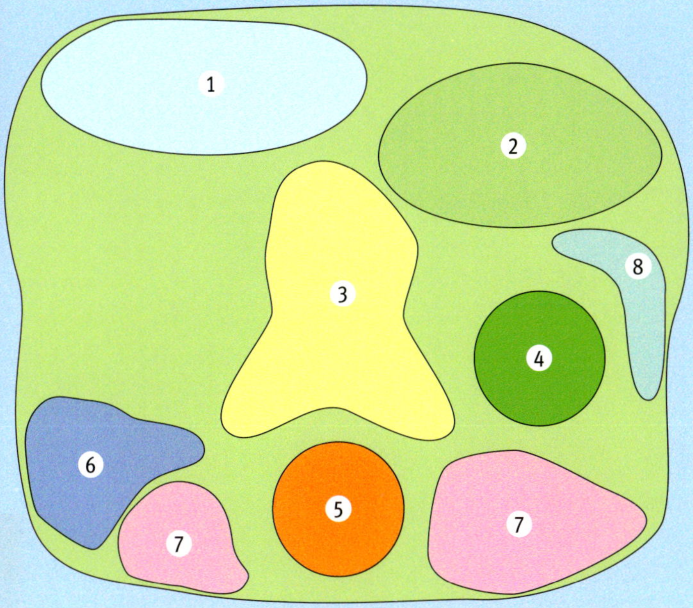

Das brauchen Sie:

1. Japanische Herbstanemone 'Praecox' (*Anemone hupehensis* 'Praecox'), 20–40 cm breit, 40–80 cm hoch; 1 Pflanze
2. Heiligenkraut (*Santolina chamaecyparissus*), 20–50 cm breit, 30–50 cm hoch; 1 Pflanze
3. Eberraute (*Artemisia abrotanum*), 20–30 cm breit, 20–50 cm hoch; 3 Pflanzen
4. Weißbunter Kalmus 'Variegata' (*Acorus calamus* 'Variegata'), 30–40 cm breit, 30–80 cm hoch; 1 Pflanze
5. Rotlaubige Zwergberberitze (*Berberis thunbergii* 'Atropurpurea Nana'), 20–40 cm breit, 20–40 cm hoch; 1 Pflanze
6. Blauschwingel (*Festuca cinerea*), 20–30 cm breit, 20–40 cm hoch; 1 Pflanze
7. Wolliger Ziest (*Stachys byzantina* o. *Stachys lanata*), 20–30 cm breit, 10–20 cm hoch; 3 Pflanzen
8. Purpurglöckchen 'Red Spangles' (*Heuchera*-Hybride 'Red Spangles'), 20–40 cm breit, 20–40 cm hoch; 3 Pflanzen

So pflanzen Sie:

Alle auf diesem Beet verwendeten Pflanzen sind mehrjährige Stauden und Gehölze. Sie brauchen ausreichend Sonne und einen eher trockenen Boden – vor allem die graulaubigen Kräuter im Vordergrund.

- Beginnen Sie bei der Pflanzung mit den einzeln stehenden Pflanzen wie Japananemone, Heiligenkraut, Kalmus und Berberitze. Sie bilden das Grundgerüst des Beetes und sollten so positioniert werden, dass jede von ihnen ausreichend Platz zum Wachsen hat.
- Als Nächstes setzen Sie eine Dreiergruppe Eberraute nahezu in die Mitte des Beetes, flankiert von einem Blauschwingelgras. Mittelgroße Pflanzen wirken in Gruppen von 3–7 Exemplaren wesentlich besser, als wenn Sie sie immer nur einzeln einstreuen.
- Nun werden die Einzelpflanzen der bodendeckenden »Lückenfüller«, wie Purpurglöckchen und Wolligen Ziest, dazwischengesetzt. Pflanzen Sie die einzelnen Arten so nah zusammen, dass sie schnell zusammenhängende Streifen und Bänder bilden, nachdem sie angewachsen sind. Damit schaffen Sie eine fließende Verbindung zwischen den anderen Pflanzen.

Expertentipp

Wenn Sie dem Beet auch im Frühling noch eine besondere Note geben wollen, dann setzen Sie weiß und violett blühende Zwiebelblumen (z. B. Tulpen, Krokus) zwischen die graublättrigen Kräuter.

So pflegen Sie:

Frühling: Ab April Eberraute und Heiligenkraut um die Hälfte bis max. zwei Drittel zurückschneiden, damit sie eine schöne kompakte Form behalten. Trockene Triebe der Berberitze entfernen.

Sommer: Bei Trockenheit vor allem die Anemone und den Kalmus gießen. Die abgeblühten Blütenstände von Wolligem Ziest, Purpurglöckchen, Eberraute und Heiligenkraut entfernen.

Herbst: Heiligenkraut und Eberraute als Jungpflanzen evtl. als Winterschutz mit Laub und Fichtenreisig abdecken; die abgeblühten Blütenstände der Anemonen stehen lassen.

Winter: Jetzt sind keine besonderen Pflegearbeiten nötig. Wenn Sie das Beet noch mit Frühjahrsblühern (z. B. Krokus, Tulpen) aufpeppen wollen, können Sie diese bis Mitte November setzen.

Nutzpflanzen im Ziergarten?

Ein reiner Gemüse- oder Nutzgarten mag vielen Gartenbesitzern zu arbeitsaufwändig und gleichzeitig zu wenig attraktiv erscheinen. »Nutzpflanzen sind nützlich, aber langweilig« – haben Sie bisher auch so gedacht? Und wenn Ihnen sowieso nur begrenzter Gartenraum zur Verfügung steht, dann möchten Sie diesen vielleicht auch viel lieber mit bunten, blühenden und vor allem zierenden Gewächsen bepflanzen als mit »langweiligem« Gemüse?
Lassen Sie sich von diesen Vorschlägen verschiedener Gemüse-Zierpflanzen-Beete inspirieren! Farbige Kohlsorten, buntstieliger Mangold und andere farbige Gemüsearten und -sorten, die in ihrer Attraktivität mit jeder bunten Sommerblumenpflanzung Schritt halten können, zeigen, dass Gemüse nicht nur zum Essen da ist!

Alles Kohl, oder was?

- Minarett-Blumenkohl 'Romanesco' (Köpfe gelbgrün, mit ornamentalen Spitzen)
- Blumenkohl 'Grafitti' (Köpfe blauviolett)
- Toskanischer Palmkohl 'Nero precoce di Toscana' (Blätter schwarzgrün)
- Roter Grünkohl 'Redbor F1' (Blätter schwarzrot, gekraust)
- Grünkohl 'Fribor F1' (Blätter hellgrün, gekraust)
- Japanischer Senfkohl (Pak Choi) 'Red Giant' (Blätter bronzefarben marmoriert)
- Essbarer Zierkohl 'Kyoti' (Blätter grün-rosa, gekraust)

Schönheit und Genuss: Gemüse und Blumen

Wenn Sie eine Vorliebe für ungewöhnliche und einfallsreiche Pflanzenzusammenstellungen haben, dann pflanzen Sie doch einmal Gemüse mit Sommerblumen und vielleicht noch blühenden Kräutern zusammen auf ein Beet.
Neben gängigen Gemüsearten und ihren auffälligen Farbsorten lohnt sich auch ein Blick ins Sortiment der weniger bekannten Raritäten. Dort finden Sie z. B. auch die Süßkartoffel, eine attraktive Rankpflanze aus Südamerika, die sich allein schon wegen ihrer herzförmigen Blätter für verschiedene Gestaltungsideen eignet. Mittlerweile gibt es auch eine Vielzahl so genannter »Buntblatt-Süßkartoffeln«, deren Laub in verschiedensten Farbtönungen gefärbt, gefleckt und gezeichnet ist. Für eine Ton-in-Ton-Pflanzung mit verschiedenen kleinblütigen Sommerblumen ist eine Süßkartoffel-Sorte mit zart rosafarbenem Laub der absolute Hit. Niemand, der dieses reizende Sommerbeet im Vorübergehen betrachtet, käme zunächst auf die Idee, dass es sich bei einem der Pflanzenpartner um ein wohlschmeckendes Gemüse handelt!
Suchen Sie nach einer ähnlichen Pflanzenzusammenstellung für einen halbschattigen Platz, dann pflanzen Sie Houttonia 'Chamäleon' – ein buntlaubiges Würzkraut aus Asien – zusammen mit rostroten Buntnesseln (*Solenostemon*).
Probieren Sie die verschiedenen Kombinationen aus Blumen, Gemüsen und Kräutern doch einmal aus – Sie werden begeistert sein und im Laufe der Zeit von selbst auf immer neue Ideen kommen!

Gemüse im Farbenrausch

Eine außergewöhnliche Sommer-Kombination: Dahlien, Feuerlobelien, Gelbstieliger Mangold und Bronzefenchel!
Die roten Lobelien intensivieren die leuchtenden Sommerfarben mit ihrem warmen Rot, und ihre Blüten sehen neben dem ungemein üppigen Blattwerk des Mangolds, besonders grazil aus. Bronzefenchel fungiert in der kräftigen Mischung durch sein zartes Laub und die ins Violette gehende Tönung als verbindendes und leichtes Element im Hintergrund. Wenn Sie immer nur vorsichtig einzelne Blätter von jeder Pflanze abschneiden, können Sie den Mangold sogar ernten, ohne das spätsommerliche Gartenbild zu zerstören!
In jedem Fall erhalten Sie für ein solches Arrangement sicherlich staunende und bewundernde Blicke!

Sonnenhut an rotem Grünkohl

Die dunkle Schönheit des roten Grünkohls, der derzeit ganz oben auf der Hitliste der trendigen Pflanzenfarben mitmischt, bekommt vom strahlenden Gelb des Sonnenhutes (*Rudbeckia*) erst so richtig Leben eingehaucht. Und auch die fein gekräuselte Struktur der Grünkohlblätter kommt neben den samtigen Blütenblättern der Rudbeckia ganz vortrefflich zur Geltung. Da Grünkohl bis in den Winter hinein auf den Beeten stehen kann, sind auch andere herbstblühende Stauden wie z. B. Sonnenauge (*Heliopsis*) oder Sonnenbraut (*Helenium*) hell leuchtende Partner.

Expertentipp

Auch grüne, rotbraune und violettrote Grünkohlsorten sind Kandidaten für gute Farbkombinationen.

Rotkohl – der Star im Beet!

Rotkohl allein ist ja schon eine recht auffällige Erscheinung inmitten des umgebenden »Gemüse-Grüns«. Da er die Beetflächen lange für sein Wachstum beansprucht, können Sie ihm durchaus ein paar bunte Partner zur Seite stellen, die einen Sommer lang blühen und nicht zu heftig mit dem »hungrigen« Kohlgewächs um Nährstoffe konkurrieren. Wie wär's z. B. mit einjährigen Roten Lobelien. Wie leuchtende Flammenkerzen erheben sich ihre zarten Triebe und Blüten über den gedrungen und wuchtig wirkenden Krautköpfen, und auch die Blüten- und Laubfarben der Lobelien harmonieren wunderbar zum Violett-Blau des Kohls. Duftende weißbunte Ananasminze und kissenförmig wachsende gelbe Tagetes (Sie können aber auch Ringelblumen wählen) runden die illustre Pflanzengesellschaft ab.

Feine Kräuter in Form gebracht

Im kleineren Garten ist es besonders wichtig, dass Beete und Pflanzungen übersichtlich und überschaubar bleiben, um eine eindrucksvolle Wirkung zu erzielen. Schon wenige Quadratmeter sind ausreichend, um formale Kräuter- und Gemüsebeete anzulegen. Am Beispiel dieses formalen Beetes mit einem Sortiment an feinen Küchenkräutern sehen Sie, welch eine reiche Kräutervielfalt Sie auch auf wenig Standraum wirkungsvoll präsentieren können. Niedriger Oregano, Goldsalbei, Heiligenkraut, Eberraute, Ysop und Lavendel wachsen hinter einer Einfassung aus Edelgamander.

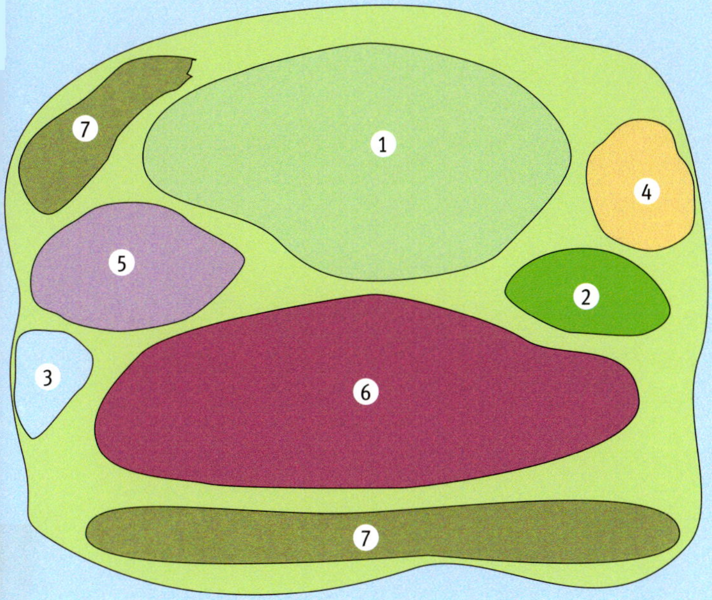

Das brauchen Sie:

1. Goldsalbei (*Salvia officinalis* 'Aurea' oder 'Icterine'), 20–50 cm breit, 20–40 cm hoch; 3 Pflanzen
2. Ysop (*Hyssopus officinalis*), 20–30 cm breit, 20–30 cm hoch; 1 Pflanze
3. Heiligenkraut (*Santolina chamaecyparissus*), 20–50 cm breit, 30–50 cm hoch; 1 Pflanze
4. Eberraute (*Artemisia abrotanum*), 20–30 cm breit, 20–50 cm hoch; 1 Pflanze
5. Lavendel (*Lavandula angustifolia*), 20–40 cm breit, 20–40 cm hoch; 1 Pflanze
6. Niedriger Oregano (*Origanum vulgare* 'Compactum'), 15–20 cm breit, 15–20 cm hoch; 3 Pflanzen
7. Edelgamander (*Teucrium* x *lucydris*), 15–30 cm breit, 20–30 cm hoch; 10–12 Pflanzen pro lfm

So pflanzen Sie:

In diesem Beispiel wurde auf einer Grundfläche von ca. 80 x 80 cm ein formales Beet für aromatische Würzkräuter angelegt. Der Standort sollte möglichst sonnig sein, damit die Kräuter ihre Aromen kräftig entfalten können. Als niedrige, geschnittene Einfassung umgibt Edelgamander das duftige Kräuterensemble.

- Bereiten Sie eine ebene Pflanzfläche vor. Achten Sie darauf, dass der Boden möglichst locker und leicht ist. Bei zu schwerem Boden mischen Sie vor der Pflanzung sandiges oder kiesiges Material darunter.
- Mit Hilfe von Pflanzschnüren, die Sie zwischen Holzpflöcken oder Metallstäben entlangspannen, markieren Sie Form und Verlauf Ihrer Beetumrandung. Pflanzen Sie dann als Erstes an den Schnüren entlang die Einfassung aus Edelgamander.
- Nun setzen Sie die weiteren Pflanzen ins umgrenzte Beet hinein. Pflanzen Sie Salbei und Oregano so zusammen, dass sich aus den Einzelpflanzen schnell ein einziger großer Tuff bilden kann.
- Füllen Sie mit den übrigen Kräutern die Lücken und Zwischenräume auf.

Expertentipp

Anstelle des Edelgamanders können Sie auch Ysop (Hyssopus officinalis) oder Thymian (Thymus vulgaris 'Compactus') als »dufte« Beetumrandung verwenden.

So pflegen Sie:

Frühling: Ab April die Halbsträucher Salbei, Lavendel, Ysop, Eberraute und Heiligenkraut um die Hälfte bis max. zwei Drittel zurückschneiden, Edelgamander in Heckenform stutzen.

Sommer: Die Kräuter am besten laufend beernten und die abgeblühten Blütenstände entfernen. Die Beeteinfassung aus Edelgamander noch 2–4-mal durch Schnitt in Form bringen.

Herbst: An warmen Herbsttagen können noch die letzten Kräuter geerntet werden. Goldsalbei, Heiligenkraut und Eberraute als Jungpflanzen evtl. mit Laub und Fichtenreisig abdecken.

Winter: Die ersten warmen Tage im Spätwinter sind ein guter Zeitpunkt, um auflaufenden Unkräutern frühzeitig und effektiv zu Leibe zu rücken. Sonst keine Pflegemaßnahmen nötig.

Beete, Töpfe und Kübel voller Duft

Wollen Sie bei der Gestaltung von besonderen Küchengarten-Beeten nicht nur mit Farben und Formen experimentieren, sondern auch noch den Faktor »Duft« ins Spiel bringen? Dann greifen Sie in die »Trickkiste« der Kräuter! Denn die meisten der aromatischen Würzpflanzen verströmen bereits im Garten, mehr noch beim Berühren oder Vorbeistreifen Wolken unterschiedlichster Düfte.
Setzen Sie z. B. verschiedene Salbei-, Thymian- oder Minzesorten auf einzelnen Duftbeeten zusammen, kombinieren Sie Blatt- mit Blütenduftern oder ziehen Sie alle Register und gestalten Sie ein größeres Beet mit einer Mischung aus Aromakräutern, Blütenstauden und duftenden Gehölzen.
Achten Sie bei der Zusammenstellung der verschiedenen Pflanzen darauf, dass sich auch alle am selben Standort wohl fühlen. Obwohl die meisten Duftkräuter und -pflanzen sonnige, warme Plätze bevorzugen, müssen Sie auch im Schatten nicht ganz auf Duftendes verzichten: Bauernjasmin, Duftveilchen, Waldmeister, Pfefferminze und Bärlauch sind geeignete »Schattendufter«.
Duftende Beete oder Töpfe und Kübel sprechen alle Sinne an und bieten geradezu »betörende« Erlebnisse.

Sitzplatz à la Provence

Augen zu und träumen: Inmitten blühenden Lavendels, umgeben von duftenden Rosensträuchern, sind Sie in kurzer Zeit entspannt und fühlen sich wie im Urlaub. Für solch ein lauschiges Plätzchen brauchen Sie einen möglichst windgeschützten, warmen Ort. Hier kann sich das Aroma der Pflanzen in ausreichendem Maße entwickeln und entfalten. Besonders »dufte« Partner für Lavendelpflanzungen sind Damaszener- und Centifolia-Rosen. Sie können aber auch nur verschiedenfarbige Lavendelstauden zusammenstellen.

Ein Beet voll süßer Düfte für Kinder

Kinder lieben Düfte und Pflanzen zum Riechen und Schnuppern. Weit mehr als am edlen Rosenduft begeistern sie sich jedoch an fruchtigen und süßen Aromen. Ahmen Sie doch einmal unser Beispiel im Bild nach und pflanzen Sie die lang anhaltend dunkelrot blühende Schokoladenkosmee und Fruchtsalbei 'Raspberry Royal' zusammen mit rotlaubiger Perilla, die mit würzigem Curryduft willkommene Abwechslung in das süße Potpourri bringt. Weitere »Hits« für süße Beete sind Ananassalbei, Zitronenmelisse, Schokoladenblume, Gummibärchenblume, Apfel- und Schokoladenminze.

Duft auf allen Wegen

Wege durch den Garten, ums Haus herum, zum Gartenhaus oder an der Terrasse können Sie zu »Duftmeilen« werden lassen, wenn Sie niedrige oder bodendeckende aromatische Kräuter wie z. B. Thymian in seinen vielen Sorten, Kamille oder kriechende Formen von Minze und Bohnenkraut direkt in die Fugen zwischen die Platten pflanzen. Oder sparen Sie einzelne Wegplatten einfach ganz aus und setzen schachbrettartig Duftkräuter in die frei bleibenden Felder. Sie können diese »Duftwege« ganz formal in eckiger Form oder eher lieblich mit geschwungenen Linien anlegen – ganz nach Lust und Laune.

Je wärmer und sonniger, desto duftender

Je wärmer der Platz ist, umso mehr Aroma- und Duftstoffe entwickeln die Kräuter. Mauern und Steine speichern besonders viel Wärme. Bepflanzen Sie solche Stellen z. B. mit Thymian, Fruchtsalbei, Gewürztagetes und Beifuß (siehe Bild), dann kommen Sie in den Genuss verschiedenster herrlicher Düfte und vereinen außerdem niedrig Wachsendes mit Höherem, unterschiedliche Laubfärbungen und -strukturen mit farbigen Blüten.

Expertentipp

Lassen Sie sich in Spezialgärtnereien vom vielfältigen Angebot an Duft- und Aromapflanzen verführen.

»Dufte« Töpfe

Duftende Kräuter sollten am besten dort sein, wo auch Sie sich oft aufhalten. Hier bieten sich vor allem Töpfe, Hängekörbe oder andere Pflanzgefäße an, die, geschickt bepflanzt, im Nu Ihren Lieblingsplatz auf Terrasse, Balkon oder im Garten in eine Oase für die Sinne verwandeln. Außerdem wachsen wärmebedürftige Kräuter wie Rosmarin, Currykraut oder Schopflavendel im Topf an einem geschützten Platz oftmals zu so prächtigen Einzelexemplaren heran, wie sie es im Beet – mangels mediterraner Wärme – nicht immer tun.

Das Beet mit dem Dreh

Eine Kräuterspirale ist eine geniale Möglichkeit, für Kräuter mit z. T. recht unterschiedlichen Standortansprüchen auf einer vergleichsweise kleinen Grundfläche optimale Wachstumsbedingungen zu schaffen. Zudem ist eine Kräuterspirale (oder Kräuterschnecke) ein attraktiver Blickfang in jedem Garten! Hier wurden Ziegelbruchsteine spiralförmig aufgetürmt und mit Oregano, Schnittlauch, Breitblättrigem Salbei, Eberraute, verschiedenen Arten von Anis-Ysop und Schopflavendel bepflanzt. Dekorative Pflanzenetiketten aus Ton und sporadisch aufgestellte Topfpflanzen geben der duftenden Schnecke den letzten Schliff.

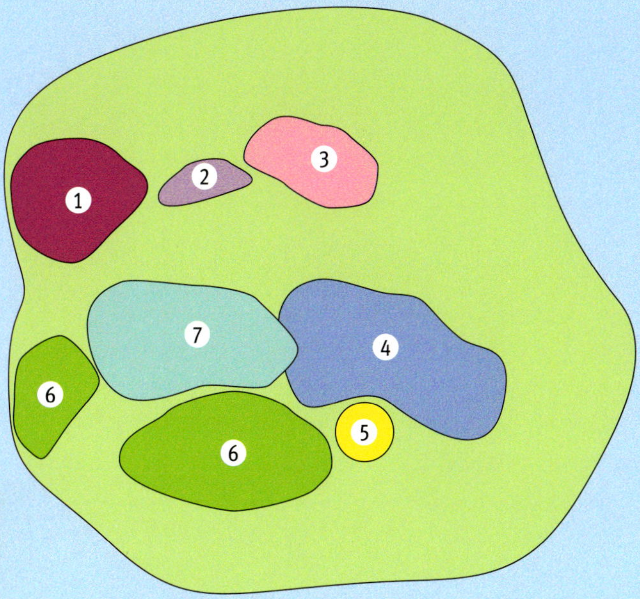

So pflanzen Sie:

Eine Kräuterschnecke oder Kräuterspirale zu bauen ist gar nicht so schwer, wie es auf den ersten Blick scheint. Wählen Sie auf jeden Fall einen vollsonnigen Platz als Standort für Ihre Kräuterspirale aus. Die günstigste Zeit zur Anlage und Bepflanzung eines solchen »Bauwerkes« ist das Frühjahr.

- Streuen Sie die spiralig gewundene Grundform mit Sand auf den Boden (Durchmesser ca. 3 m) als Markierung, an der entlang sie dann von innen nach außen die Steine aufschichten.
- Füllen Sie nun mit einem Gemisch aus magerer Erde, groben Steinen und Kies auf. Das Material sollte möglichst grobkörnig und durchlässig sein, damit das Wasser später gut ablaufen kann. Auf dieses Gemisch füllen Sie etwa 20–30 cm hoch eine Schicht aus Sand und Erde auf.
- Zum unteren Ende hin darf die Erde auch etwas nahrhafter und feuchter sein. Hierhin kommen dann auch die »hungrigeren« Kräuter, wie Schnittlauch und Oregano.
- In die obersten Regionen der Kräuterschnecke pflanzen Sie die sonnenhungrigsten Kräuter wie Anis-Ysop und Schopflavendel.

Das brauchen Sie:

1. Anis-Ysop (*Agastache anisata*), 20–30 cm breit, 30–60 cm hoch; 1 Pflanze
2. Lemon-Ysop (*Agastache mexicana*), 20–30 cm breit, 30–40 cm hoch; 1 Pflanze
3. Schopflavendel (*Lavandula stoechas*), 20–60 cm breit, 20–60 cm hoch; 1 Pflanze
4. Breitblättriger Salbei ‘Berggarten’ (*Salvia officinalis* ‘Berggarten’), 30–50 cm breit, 30–50 cm hoch; 3 Pflanzen
5. Schnittlauch (*Allium schoenoprasum*), 10–20 cm breit, 15–20 cm hoch; 1 Pflanze
6. Niedriger Oregano (*Origanum vulgare* ‘Compactum’), 15–20 cm breit, 15–20 cm hoch; 2 Pflanzen
7. Eberraute (*Artemisia abrotanum*), 20–30 cm breit, 20–50 cm hoch; 1 Pflanze

Expertentipp

Wenn Sie am unteren Ende der Kräuterspirale ein kleines Wasserbecken anlegen, können Sie dort Feuchtigkeit liebende Pflanzen wie Brunnenkresse (Nasturtium officinale) kultivieren.

So pflegen Sie:

Frühling: Ab April Halbsträucher Salbei, Lavendel, Eberraute um die Hälfte bis max. zwei Drittel zurückschneiden. Schopflavendel ab Mai auspflanzen, wenn er im Haus überwintert wurde.

Sommer: Die Kräuter am besten laufend ernten und die abgeblühten Blütenstände entfernen. Schön blühende Topfkräuter temporär zwischen die Steine und Pflanzen stellen.

Herbst: An warmen Herbsttagen die letzten Kräuter ernten. Empfindliche Kräuter evtl. mit Laub und Fichtenreisig abdecken. Schopflavendel im Zweifelsfall frostfrei im Haus überwintern.

Winter: Im Spätwinter kontrollieren, ob einzelne Steine verrutscht sind und nachgebessert werden müssen. Bei im Haus überwinternden Kräutern auf Schädlinge achten und evtl. etwas gießen.

Kräuter in Hülle und Fülle!

Buntlaubige Kräuter

Basilikum 'African Blue' (dunkelgrün mit roten Adern)
Basilikum 'Rotes Krauses' (dunkelrot, gekraust)
'Bronzefenchel' (rotbraun)
Dreifarbiger Salbei 'Tricolor' (weißrandig, Triebspitzen rosa)
Goldsalbei 'Aurea' (goldgelb marmoriert)
'Purpurbasilikum' (violettbraun)
Purpursalbei 'Purpurascens' (purpurrot)
Salbei 'Creme de la Creme' (weißbunt)

Kräuter sind wahre Multitalente, was ihre vielfältige Verwendung im Garten betrifft . Sie haben außerdem den großen Vorteil, dass sie auch für den Garten-Neuling meist leicht zu handhaben und wenig aufwändig zu pflegen sind.
Achten Sie bei Kräuterkombinationen darauf, stark wachsende und wuchernde Pflanzen von eher schwachwüchsigen abzugrenzen bzw. die passenden Partner nebeneinander zu setzen. Wenn Sie diese Grundregel beachten, sind die Kombinationsmöglichkeiten ansonsten jedoch fast unerschöpflich.
Blühendes und »Blättriges«, bunt oder einfarbig, filigran oder wuchtig, duftig oder herb – Gärtnereien und Gartenmärkte bieten ein reichhaltiges Sortiment. Hier können Sie aus dem Vollen schöpfen und mit verschiedensten Gestaltungsideen experimentieren.

Kräuterspaß in nächster Nähe

Die Terrasse oder ein Sitzplatz im Garten bieten sich an, mit Kräutern bepflanzt und gestaltet zu werden. Denn neben Formen und Farben ist es der Duft dieser aromatischen Pflanzen, der sie zu erklärten Favoriten im Küchengarten macht. Und wenn Sie einen Sitzplatz mit Kräutern umgeben – ganz egal, ob ausgepflanzt oder in Töpfen –, holen Sie sich die verschiedensten Aromen ganz nah heran und können so manche verträumte Sommerstunde in den unterschiedlichen Düften von Lavendel, Salbei, Rosmarin, Thymian und vielen anderen schwelgen. Spielen Sie außerdem mit den unterschiedlichen gestalterischen Aspekten, von denen die Kräuter eine ganze Palette zu bieten haben. Setzen Sie Akzente mit imposanten Kräutergestalten wie Fenchel oder Beifuß, mit Blütenwundern wie Borretsch und Kapuzinerkresse, mit grauen Eminenzen wie Salbei, Currykraut oder Silberwermut. Stellen Sie

Ihren Lieblings-Kräuterplatz unter ein besonderes Motto, wie z. B. »Blaue Stunde« mit lavendel-, ysop- und salbeiblauen Blüten oder »Weiße Eleganz« mit Süßdolde, Chinesischem Schnittlauch, Ananasminze und Bergbohnenkraut.

Expertentipp

Je wärmer und sonniger Ihr Lieblingsplatz ist, umso intensiver entfalten sich die Kräuteraromen!

Es muss nicht immer Buchs sein

Auch im Küchengarten sind niedrige, durch Schnitt in Form gehaltene Hecken aus immergrünem Buchs ein beliebtes Gestaltungselement (siehe unten). Aber auch Kräuter wie z. B. die silberlaubige Eberraute (im Bild), Lavendel, Ysop, Weinraute oder Heiligenkraut können ein Küchenbeet wirkungsvoll einrahmen. Im Gegensatz zum Buchs bringen diese niedrigen Hecken zusätzlich auch noch die Farbe und den Duft ihrer Blüten und Blätter ins Spiel.
Für eine flache Beetumrandung eignen sich auch duftende, rosa blühende Thymianpolster.

Klein, aber fein!

Kleine »Restflächen« im Garten, mit denen Sie nichts Rechtes anzufangen wissen, werden mit einigen Kräutern bepflanzt zum zauberhaften »Minibeet«. Beschränken Sie sich am besten auf einige wenige Pflanzen und Arten und wählen Sie diese mit Bedacht aus. So ergänzt sich hier die buntlaubige Zitronenmelisse hervorragend mit den leuchtenden Blüten der üppigen Ringelblumen.

Expertentipp

Wenn Sie regelmäßig Verblühtes auszupfen, dann bleiben die Ringelblumen schön bis zum Frost.

Klassisch gut: Kräuter und Buchs

Um die würzigen Gesellen jederzeit griffbereit zu haben, ist ein eigenes kleines »Würzbeet« die ideale Lösung. Umgeben Sie das Beet mit einer niedrigen Buchshecke und wählen Sie Kräutersorten mit unterschiedlichen Laubfärbungen, wie z. B. buntblättrige Salbeisorten, – und schon haben Sie ein kleines »Schmuckstück« geschaffen! Im Zentrum des Beetes kann eine Hochstammrose oder ein Lorbeerhochstämmchen im Topf noch für einen zusätzlichen Blickfang sorgen.

So wird Ihr Nutzgarten zum Schmuckstück!

Denken auch Sie bei Gartengestaltung in erster Linie an blühende Blumenrabatten, duftende Zierstrauchhecken oder Gartenteiche? Und beim Begriff »Nutzgarten« kommen Ihnen eher gleichförmige Gemüsebeete und ordentliche Reihen von Obstbäumen in den Sinn? Nützlich zwar, aber auch etwas langweilig? Das muss nicht so sein! Gartengestaltung endet nicht vor dem Obst- oder Gemüsegarten. Werten Sie auch Ihre »nützlichen« Gartenteile mit ansprechenden Gestaltungsideen auf!

Auch Obst- und Gemüsegärten können attraktiv und ansprechend angelegt und bepflanzt werden, und auf Balkon und Terrasse müssen Gemüse und Kräuter nicht nur in langweiligen Töpfen stehen, sondern können der Sommerresidenz den richtigen »Pfiff« verleihen. Etwas Mut gehört manchmal dazu, formale Beete mit bunten Salaten anstatt mit Blumen zu bepflanzen oder anstelle eines Rosenbeetes ein kunstvoll angelegtes Hügelbeet zum zentralen Blickfang des Gartens zu machen. Doch auch hier gilt: Erlaubt ist, was gefällt! Schließlich haben Sie gerade beim Gemüse den Vorteil, dass es sich größtenteils um einjährige Kulturen handelt und Sie daher innerhalb Ihres Grundkonzeptes sehr variabel in der Ausgestaltung sind und dem Garten jedes Jahr ein neues »Gesicht« verpassen können.

Nostalgisch, formal, praktisch?

Finden Sie zunächst heraus, was am besten zum Haus und zu bereits bestehenden Gartenteilen passt oder was ein herausragender Blickfang und besonderer Anziehungspunkt in Ihrem Garten sein könnte.

- Bevorzugen Sie eine formale Gestaltung Ihres Küchengartens, z. B. im Stil eines Bauerngartens, in dem Kräuter und Gemüse von niedrigen Buchshecken umgrenzt und am Zaun von Spalierobst umgeben sind?
- Soll Ihr Küchengarten mediterranes Flair verbreiten – vorausgesetzt, Ihnen steht dafür ein entsprechend warmer und geschützter Standort zur Verfügung?
- Träumen Sie von einem attraktiven »Topfgarten auf Balkonien«, der Obst, Gemüse und Kräuter in einer stimmungsvollen Zusammenstellung präsentiert?

Ganz egal, wie Ihre Gartenfantasien aussehen, für jeden Geschmack gibt es geeignete Gestaltungsvarianten und Accessoires, mit denen Sie Stimmung, Lebendigkeit und Flair in Ihren Garten zaubern.

Küchengarten mit Stil?

Auch Kräuter- und Gemüsegärten können so unterschiedlich gestaltet sein, wie die persönlichen Vorlieben der jeweiligen Gartenbesitzer. Was entspricht Ihrem Geschmack: klare Formen, mediterranes Ambiente oder ungewöhnliche Pflanzideen?

Der klassische Küchengarten

Formale Gestaltungsideen passen aufgrund ihrer klaren Struktur gut in kleinere oder intensiv genutzte Gärten, da hier eine Raumaufteilung besonders wichtig ist.
Eine klassische Gestaltungsvariante, auf die immer wieder gerade beim Nutzgarten gerne zurückgegriffen wird, ist die Anordnung von Kräuter- und Gemüsebeeten nach dem Vorbild eines Bauerngartens.

- Setzen Sie Gemüse und Salat nach dem Prinzip der Mischkultur zusammen. Das ist einerseits förderlich für die Pflanzengesundheit, andererseits auch attraktiv.

Trendy – der Bauerngarten

Typische Merkmale eines Bauerngartens sind eine formale Gestaltung mit charakteristischen Elementen wie niedrige Beetumrandungen aus Buchs oder anderen Einfassungspflanzen, ein Wegekreuz, häufig ein Mittelrondell und eine symmetrische Anordnung der Beete.
Seine fröhlich heitere Stimmung entsteht in erster Linie durch leuchtende und farbenfrohe Pflanzenkombinationen. Immer mischt sich unter Gemüse und Nutzpflanzen auch Zierendes und Blühendes. Einjährige Pflanzen und Kräuter wie Ringelblume und Borretsch, die sich unermüdlich selbst aussähen, leisten hier hervorragende Dienste und beleben den Garten zum Nulltarif mit Farbe.

- Gewürz- und Teekräuter fühlen sich auf einem eigenen, buchsumrandeten Beet wohl.
- Ein Zaun aus Holz oder Weidenruten oder Metallstaketen sollte das ganze Ensemble stilecht einfassen. Pflanzen Sie hierhin Beerenhochstämmchen oder ein Apfelspalier.

Ein solcher Garten wirkt in erster Linie durch deutlich voneinander abgegrenzte Flächen und Räume, durch eine klare Wegeführung und nostalgische Accessoires wie Buchshecken, Rosenhochstämmchen, Gartenkugeln u.ä.

Der Traum vom Süden

Wenn Sie einen ganz bestimmten »Gartentraum« haben, eine spezielle Stimmung, die Sie mit dem Aufenthalt in Ihrem Garten verbinden oder verstärken möchten, dann können Sie auch das mit der entsprechenden Gestaltung Ihres Kräuter-, Obst- und Gemüsegartens erreichen. Voll im Trend liegt z. B. ein »Garten mediterranée«, der sich in klimatisch etwas milderen Gegenden oder einzelnen geschützten Gartenbereichen verwirklichen lässt.

- Schaffen Sie sich mit aromatisch duftenden Kräutern, südländischen Gemüsearten und bepflanzten Terracottagefäßen Ihr eigenes mediterranes Ambiente.
- Vielleicht haben Sie auch Platz, sich einen lauschigen Sitzplatz in einer Wein- oder Kiwilaube einzurichten?

Der etwas andere Küchengarten

Haben Sie Mut auch zu ausgefallenen Gestaltungsideen im Küchengarten – damit sichern Sie Kohlköpfen und Tomatenpflanzen auf jeden Fall die nötige Aufmerksamkeit!

- Pflanzen Sie Gemüse einmal leicht erhöht auf ein pflegeleichtes Hoch- oder Hügelbeet, das allein schon durch seine Form wie ein kleines Gartenkunstwerk wirkt und Ihnen außerdem auch noch Hacken, Jäten und Gießen ungemein erleichtert.
- Im größeren Garten können Sie mit einer ganzen Gruppe von Hügelbeeten, jedes farblich etwas anders bepflanzt, eine exklusive »Hügellandschaft« anlegen.
- Auch alle möglichen Arten von bepflanzbaren Gefäßen, die im Nutzgarten integriert oder an exponierten Plätzen aufgestellt werden, ziehen die Blicke auf sich. Ob es sich dabei um edle Designerstücke oder charmanten »Gartenkitsch« handelt – schön ist, was gefällt!

Der mobile Küchengarten

Mit Obst, Gemüse und Kräutern in Töpfen, Kästen und Kübeln, Ampeln und Hanging Baskets sind Sie gestalterisch außerordentlich flexibel – nicht nur auf Balkon und Terrasse. Besonders Wärme liebende Gemüse und Kräuter

Auf diesen segmentartigen Beeten fühlen sich ganz verschiedene Kräuter wohl – der zierende Buchsmantel verhindert ein rivalisierendes Durcheinanderwachsen und sorgt für »Form«.

sind meistens mit einem geschützten Terrassenplatz im Topf zufriedener als mit einer kühlen Ecke im Garten, weshalb sich oft gerade auf »Balkonien« eine mediterrane Gestaltung anbietet.

- Pflanzgefäße eignen sich auch für nicht winterharte, mehrjährige Kräuter. Sie können im Topf den ganzen Sommer über im Beet stehen und dann mühelos im Haus überwintert werden.
- Nutzen Sie außerdem kleine Obstbäume und Beerensträucher im Kübel als wandelbare Gestaltungsressourcen, um Balkone und Terrassen zu verschönern.

Den praktischen Aspekt nicht vergessen!

Vergessen Sie bei aller Begeisterung für besondere Gestaltungsideen nicht, auch die praktischen Aspekte im Blick zu behalten. Gerade im Küchengarten, in dem beständig gepflanzt, gegossen, gehackt, gepflegt und geerntet wird, sollen diese Arbeiten auch möglichst einfach und zeitsparend ausgeführt werden können.

- Achten Sie also darauf, dass im formalen Garten die Wege nicht zu schmal sind, auch wenn das eleganter aussieht. Wenigstens die Hauptwege sollten bequem begehbar und mit einer Schubkarre befahrbar sein.
- Erreichen Sie zum Pflegen und Ernten auf ornamental bepflanzten Beeten und Rondellen auch wirklich geschickt alle Pflanzen – selbst bei nassem Wetter? Wenn nicht, dann sollten Sie einzelne Trittsteine in die Beete legen, die Sie versteckt zwischen den Pflanzen platzieren.
- Haben Sie besondere Pflanzenarrangements geschaffen, dann sorgen Sie rechtzeitig dafür, auch immer einige Pflanzen in Reserve zu haben. Fallen einzelne Exemplare nämlich aus oder werden geerntet, entstehen plötzlich unschöne Löcher in der Pflanzung, die Sie möglichst schnell mit Ersatzpflanzen schließen sollten.
- Haben Sie Töpfe, Kübel und andere Pflanzgefäße so platziert, dass sie jederzeit ausreichend gegossen werden können? Versehen Sie sie auf alle Fälle mit einer Wasserabzugsmöglichkeit oder einer ausreichenden Drainage.
- Wählen Sie vor allem Hängegefäße und Einzeltöpfe nicht zu klein, damit sich die Pflanzen gut entwickeln können und – wenn sie beim Gießen einmal übersehen werden sollten – nicht gleich vertrocknen.

Obst, Gemüse und Kräuter in Töpfen

Sie haben nur einen kleinen Garten, dafür aber einen großen gepflasterten Vorplatz? Oder nur eine Terrasse oder einen Balkon? Dann müssen Sie trotzdem nicht auf selbst angepflanztes Obst und Gemüse, frisch geernteten Salat oder würzende Kräuter verzichten.
Viele Gemüsearten und Salatsorten gedeihen hervorragend in Töpfen und Schalen, und die meisten Kräuter sowieso. Sogar Obst aus dem Kübel ist keine Seltenheit mehr: Beerenhochstämmchen, Spalierbäume oder »Ballerina«-Apfelbäumchen, die an einem aufrechten Haupttrieb ohne größere Seitenverzweigungen Früchte tragen, sind auch mit wenig Platz zufrieden. Wahre Multitalente sind Erdbeeren – sie wachsen auch im Balkonkasten, im Hängetopf an der Hauswand oder in Terracotta-Amphoren.
Darüber hinaus erfüllt der »Topfgarten« nicht nur einen praktischen Zweck, denn bunte Salatköpfe, rankende Gurken und blühende Obstbäumchen verleihen tristen Hauseingängen, diversen betonierten oder gepflasterten Flächen, Balkon und Terrasse ein ganz besonderes Flair.

Gemüse und Kräuter auf »Balkonien«

Neben den praktischen Aspekten – der Weg zur Küche ist nicht weit, und die Pflanzen können bei schlechtem Wetter besser geschützt werden – sind Gemüse und Kräuter in Töpfen durchaus auch dekorative Blickfänge, die Sommerblumen und Kübelpflanzen an Attraktivität nicht nachstehen. Mit einigen cleveren Tricks bringen Sie auch auf wenig Raum eine ganze Menge Pflanzen unter:

- Postieren Sie bepflanzte Töpfe und Gefäße auf Stellagen, Leitern und Regalen, dann haben Sie gleich mehrere »Garten-Etagen« übereinander.
- Verwenden Sie aufeinander abgestimmte Gefäße, z. B. Töpfe aus Terracotta, Steintröge, Weiden- oder Spankörbe und flache Holzkisten.
- Versehen Sie auf jeden Fall alle Pflanzgefäße mit Wasserabzugslöchern oder einer Drainage.
- Die so genannten »Erdbeertöpfe«, bauchige, amphorenartige Gefäße aus unglasiertem Ton, die rundum mit zusätzlichen Pflanztaschen versehen sind, können anstatt mit Erdbeeren auch mit Kräutern oder Pflücksalaten bepflanzt werden.
- In Ampeln und Hanging Baskets fühlen sich Zucchini und Gurken oder spezielle Erdbeersorten wohl. Besonders gut für den »Topfgarten« eignen sich Tomaten, Auberginen, Chili oder Stangenbohnen, die aufrecht wachsen bzw. klettern und so nicht nur als Nutzpflanze, sondern auch als Sichtschutz dienen.

Beeren sind für alle(s) zu haben

Stellen Sie sich so den nächsten Sommer vor: gemütlich auf dem Balkon sitzen und nebenbei ein paar süße Beeren frisch vom Strauch pflücken? Warum nicht! Johannis- und Stachelbeer-Hochstämmchen lassen sich gut im Kübel kultivieren, auch auf wenig Standraum unterbringen und sind gleichzeitig ein attraktiver »Hingucker«. Erdbeerpflanzen sind fast für jede Gestaltungsidee zu haben. Verwenden Sie sie als Unterpflanzung in größeren Kübeln, setzen sie als Hängeform in Ampeln oder ziehen sie etagenweise im Erdbeertopf – lassen Sie Ihrer Fantasie einfach einmal freien Lauf und probieren Sie aus!

Viel Gemüse auf wenig Raum

Unterpflanzen Sie höher werdende Gemüse, wie hier Aubergine, Paprika und Tomate, doch einmal mit Pflück- und Schnittsalaten oder Radieschen.
Lassen Sie Bohnen und Gurken an Rankhilfen oder Schnüren nach oben klettern oder aus hohen Schalen oder Trögen nach unten herabhängen.
Sorgen Sie für Farbe: Verwenden Sie auf Balkon und Terrasse möglichst verschiedenfarbiges Gemüse.

Expertentipp

Fragen Sie beim Kauf gezielt nach Gemüsearten und -sorten für die Pflanzung in Topf und Kübel.

Kräuter in luftiger Höhe

Steht am Boden von Balkon oder Terrasse bereits alles voll mit Kräutern und Gemüse in Töpfen, oder haben Sie noch Platz an der Wand neben der Haustüre oder am Balkongeländer (siehe Bild), dann lassen Sie die Pflanzen doch einfach in die Luft gehen!
Viele Kräuter, wie Thymian, niedriger Oregano, Tripmadam, Kapuzinerkresse oder Hänge-Rosmarin, eignen sich bestens als Ampelbepflanzung. Vergessen Sie nicht, Hängetöpfe, Hängekörbe und Ampeln so zu platzieren, dass sie bequem gegossen werden können.

Formale Kräuter- & Gemüsegärten

Gerade in einem kleineren Garten, in dem Ihnen nicht viel Platz zur Verfügung steht, Sie aber dennoch möglichst viele Pflanzen oder Nutzungsvarianten unterbringen wollen, ist eine formale Gestaltung ideal, denn mit ihr lässt sich auch auf engem Raum Verschiedenes vereinen.
Durch niedrige Einfassungen – hier bewähren sich immer wieder die altbekannten Buchsumrandungen – lassen sich unterschiedlich bepflanzte und gestaltete Beete voneinander abgrenzen und wirken dennoch miteinander als einheitlich gestaltetes Ganzes. Die sattgrünen Buchshecken geben außerdem einen ruhigen Hintergrund für farblich extravagante Gemüse und Salate ab. Aber auch mehrjährige Kräuter oder einjährige Krause Petersilie oder niedrige Blütenpflanzen wie Tagetes eignen sich als Einfassungspflanzen.
So zaubern Sie mit besonderen Farben und Wuchsformen von Gemüse und Kräutern aus einem reinen Küchenbeet ein wahres Schmuckstück!
Experimentieren Sie mit verschiedenen Beetformen. Lassen Sie sich durch den Verlauf der Wege und die Form des Grundstücks inspirieren. Einzelne passende Accessoires wie Terracottagefäße, eine Skulptur oder eine schöne Bank machen die Gartenidylle perfekt!

Formal und effektvoll: lilablaue Beete mit gelber Umrandung

Auch Blühendes kann zur formalen Umrandung von Gemüse- und Kräuterbeeten werden, so wie in diesem Beispiel die Studentenblumen (Tagetes). Eine solche Einfassung braucht nicht so viel Platz wie eine Buchshecke und eignet sich daher auch gut für kleine Beete. Der starke Kontrast der Komplementärfarben Blau und Orange sorgt für zusätzliche Effekte.
Wenn Ihnen die Studentenblumen zu »schneckengefährdet« erscheinen, können Sie kleine Beete auch mit Streifen von Krauser Petersilie oder rosafarben blühendem Schnittlauch umgeben.

Formal und praktisch: das »Lattenkreuz«

Ein Grundprinzip im formalen Garten ist die klar gegliederte Aufteilung der Pflanzflächen und Beete. Um dieses gestalterische »Grundgerüst« im Küchengarten sichtbar zu machen, genügt fürs Erste eine optische Betonung der Wegeflächen zwischen den Beeten.
Wenn Sie keine festen Pflaster- oder Plattenwege anlegen möchten, dann wählen Sie z. B. als Gartenwege einfache Lattenroste, und schon haben Sie mit minimalem Aufwand erreicht, was das Kernthema des formalen Gartens ausmacht: das Schöne gekonnt mit dem Nützlichen zu verbinden.

Formal und klassisch: die Buchsumrandung

Die klassische Möglichkeit, Beete zu betonen, deutlich abzugrenzen oder »in Form« zu bringen, ist eine Umrandung mit einer niedrigen Buchshecke.
An diesem schattigen Standort sorgt die Buchseinfassung z. B. dafür, dass Süßdolde und Winterheckzwiebeln einen guten Rahmen bekommen.
Sie können entweder kleine Pflänzchen vom Einfassungsbuchs (*Buxus sempervirens* 'Suffruticosa') im Fachhandel kaufen oder Ihre Beete mit selbst bewurzelten Stecklingen umgeben. Ein regelmäßiger Schnitt hält die immergrünen Umrandungen in Form.

Ein Beet wie ein Bukett

Selbst ganz kleine, formale Beete können ganz groß rauskommen. Sieht dieses kleine Gemüsebeet mit den Blaukrautköpfen, die die farblich passenden Buntnesseln (*Solenostemon*) und einen Rosmarin umrahmen, nicht aus wie ein großes Blumenbukett?
Statt Blaukraut können Sie auch Weißkohl oder grünen Wirsing mit rot- oder silberblättrigen Kräutern oder Zierpflanzen umrahmen!

Expertentipp

Wenn Kohl den Blickpunkt bildet, sollten die umgebenden Pflanzen auch bis in den Herbst hinein halten.

Übern Zaun geschaut

Eine ausgefallene Idee, Küchenbeete einmal anders als mit den üblichen Buchshecken abzugrenzen, ist eine Umrandung mit niedrigen Flechtzäunen. Diese bekommen Sie als fertige Elemente in verschiedenen Längen und Höhen im Gartenfachhandel. Sie können sie auch selbst aus Weidenruten flechten und die Ausstattung Ihres Küchengartens mit weiteren Weidenelementen wie z. B. Kletterhilfen für Stangenbohnen oder Süßkartoffeln ergänzen und damit einen ländlich-rustikalen Charakter betonen.

»Garten mediterranée«

Wenn Sie im eigenen Nutzgarten neben gärtnerischer Betätigung auch Erholung und Entspannung finden wollen, ist wohl kaum ein Gestaltungsthema besser dafür geeignet als der mediterrane Garten. Was gibt es Schöneres, als durch Pflanzen, Farben, Materialien und Düfte an angenehme Urlaubstage erinnert zu werden? Wählen Sie für Ihren »Garten mediterranée« eine möglichst sonnige und geschützte Gartenecke aus. Pflanzen Sie üppige duftende Kräuter und kombinieren Sie sie mit farblich auffälligen Fruchtgemüsen und bunten Salaten. Mit entsprechenden Accessoires wie südlich inspirierter Gartenkeramik und einzelnen eingestreuten Kübelpflanzen oder Kräutersolitäre in Töpfen ist auch ein Nutzgarten ganz schnell erfüllt von mediterranem Charme und verströmt einen Hauch von Süden – hier ist Ihnen ein Urlaub mit Erholungseffekt sicher!

Pflanzen mit südlichem Flair

Gemüse:
Artischocke, Aubergine, Brokkoli, Chili, Honigmelone, Toskanischer Palmkohl, Zucchini

Kräuter:
Französischer Estragon, Genoveser Basilikum, Griechischer Bergtee, Griechischer Oregano, Lavendel, Lorbeer, Rosmarin

Salate:
Radicchio, Römischer Salat

Der Traum vom Süden

In einen mediterranen Garten gehören Wärme liebende Gemüsearten wie Artischocke, Aubergine, Chili, Kürbis, Paprika und Tomate. Auch mit Toskanischem Palmkohl im Gemüsebeet lässt sich hervorragend gestalten. Wählen Sie z. B. die rotblättrige Variante und kombinieren Sie sie mit grünlaubigem Mangold und rot blühender Kapuzinerkresse. Umgeben Sie Gemüse mit Kräutern wie Oregano, Salbei und Thymian. Pflanzen Sie Kräuter- und Gemüsesorten in warmen und leuchtenden Laub- und Fruchtfarben und mischen Sie – wenn's Ihnen zu bunt wird – zartes Fenchelblattwerk und graue Lavendelbüsche darunter. Setzen Sie an Eckpunkte oder andere markante Plätze in Kugel- oder Säulenform geschnittenen Buchs, Lorbeer oder Rosmarin. Mit diesen Immergrünen schaffen Sie optische »Ruhepole« für das Auge. Da Lorbeer und Rosmarin in unseren Breiten nicht winterhart sind, sollten Sie sie in passenden Behältnissen zwischen die anderen Pflanzen stellen. Wenige ausgesuchte Terracottatöpfe oder andere exklusive »Zutaten« verbreiten darüber hinaus in einem Kräuter- oder Gemüsegarten mediterranes Flair.

Und selbst wenn Sie gar keinen Garten besitzen und auch als Balkongärtner dem Reiz des Südens verfallen sind – kein Problem: Auch in südlichen Ländern werden Kräuter und Fruchtgemüse gerne in Gefäßen kultiviert, die nahe am Haus stehen. Sonnenverwöhnte Hauswände bieten ein ideales Kleinklima für die wärmebedürftigen Pflanzen – gleichzeitig entstehen auf Balkonen und Terrassen wunderschöne mediterrane Szenarien.

Mediterranes Kräuterflair

Schon allein der Duft mediterraner Kräuter weckt Erinnerungen an den warmen Süden. Wählen Sie einen möglichst sonnigen und warmen Platz für Ihr Arrangement aus. Basilikum, Lavendel, Rosmarin und verschiedene Duftsalbeiarten verzaubern Ihren Garten oder Balkon im Nu in eine mediterrane Oase. Was halten Sie von einer Kombination aus grau- und silberlaubigen Kräutern, die in verschiedenen Blautönen blühen und intensiv duften? Helle Kiesbeläge, sandfarbenes Pflaster oder auch rostrote Klinkersteine verstärken den Eindruck von Wärme und südlichem Flair.
Nicht zuletzt wachsen die südländischen Sonnenanbeter auch auf Terrasse und Balkon, wo Plattenbeläge zusätzliche Wärme spenden, ausgesprochen gut und werden ganz besonders aromatisch.

Dufterlebnis Thymian

Ein warmer, geschützter Platz im Garten, mit Klinker-Pflaster ausgelegt, zwischen dessen Fugen verschiedene Thymiansorten ihre herbwürzigen Polster entfalten, zaubert auf kleinstem Raum durch Duft und Farbe bereits eine Stimmung wie in einem sonnendurchfluteten Garten in der Toskana oder Provence. Dazu eine antik anmutende Steinsäule – willkommene Erinnerungen an traumhafte Villengärten des Südens. Halten Sie Ausschau nach Säulen und Figuren, Schalen, Krügen oder Amphoren und platzieren Sie diese zwischen den Pflanzen im Beet.

Expertentipp

Weniger ist oft mehr – einige schöne Einzelstücke sind wirkungsvoller als ein ganzes Sammelsurium.

Stars im mediterranen Garten

Stellen Sie einzelne Pflanzen ins Rampenlicht Ihrer »Gartenbühne«. Für einen extravaganten Solo-Auftritt sorgen eine violett blühende Artischocke mit grauem, tief geteiltem Laub oder ein Lorbeerbäumchen mit panaschiertem Laub. Spielt das Stück in der Provence, gibt blau blühender Lavendel den Ton an. Mit verschiedenen Sorten erreichen Sie einen besonders lang anhaltenden Blütenflor. Als »Mitspieler« fungieren buschig wachsendes Provence-Basilikum und Französischer Estragon. Steht Ihnen der Sinn nach »Bella Italia«, dann lassen Sie üppige Früchte in leuchtenden Farben Einzug halten, wie z. B. verschiedene Auberginen-, Chili- und Tomatensorten mit auffällig gefärbten und geformten Früchten. Stellen Sie dazu rotlaubiges Basilikum, graublättriges Currykraut und Rosmarinbüsche.

Der »besondere« Küchengarten

Sie müssen bei der Gestaltung eines Küchengartens nicht immer festen Vorgaben folgen. Gerade wenn Sie Ihrer Fantasie freien Lauf lassen, vorhandene Geländeformen und Materialien einbeziehen und spontanen Ideen folgen, entstehen oft die erstaunlichsten Ergebnisse.
So kann z. B. die Kombination von formalen und lockeren Elementen, die Verbindung von Nützlichem mit Kitsch & Kunst oder auch die zentrale Ausrichtung des Gartens auf bestimmte Bedürfnisse ganz einzigartige »Gartenschöpfungen« zur Folge haben. Oft entsteht auch aus der Not eine Tugend, wenn Sie z. B. eine steile Hangfläche notgedrungen in mehrere Terrassen untergliedern, unschöne Bereiche hinter Hecken verstecken oder unansehnliche Zäune und Wände mit Rankgerüsten kaschieren.
Vergessen Sie nicht, auch Obstgehölze und Kletter- und Rankpflanzen in Ihre Gestaltungskonzepte einzubeziehen, weil Sie damit inmitten der horizontalen Kräuter- und Gemüseszene vertikale Akzente setzen. Immergrüne als Hecken oder formale Elemente erhalten selbst im Winter die Grundstruktur des Gartens aufrecht und lassen bereits seine Schönheit in der kommenden Saison erahnen.

Hügelbeet und Buchsgestalten

Hier wurde ein nützliches und praktisches Hügelbeet zum aufmerksamkeitheischenden »Star« des Gartens. Und das zu Recht! Ist doch allein schon die architektonische Form eines solchen Beetes, die primär ja aus Gründen der Arbeitserleichterung und günstigen Bodenerwärmung gewählt wurde, ein gestalterischer »Hingucker«, der ganz selbstverständlich den umgebenden Gartenbereich prägt. Wie auf einem Präsentierteller thronen Salate und Gemüse auf ihrem erhöhten Standort, und ihre formale Anordnung kommt so besonders wirkungsvoll zur Geltung. Einfassungen aus krausem Salat und Kresse umrahmen beinahe wie Buchshecken das in ihrer Mitte wachsende Gemüse. Auch die Auswahl der verschiedenen Pflanzenarten wurde hier gezielt nach gestalterischen Aspekten getroffen: Sowohl farblich – rotlaubige Salate, grünblättriges Gemüse – als auch strukturell – runde Salatköpfe neben schlankem Zwiebellaub – ist die Pflanzung harmonisch aufeinander abgestimmt. Um den formalen Charakter der ganzen Anlage noch zu verstärken, wurde als prägendes Element immergrüner, formierter Buchs eingesetzt, der durch seine zum Teil eher skurril als streng anmutenden Formen dem Ganzen eine gewisse Leichtigkeit verleiht.
Wenn Sie keinen so großen Garten haben, dann können Sie auch verschiedene »Buchsgestalten« in Töpfen und Kübeln aufstellen.

»Blumen an Gemüserand«

Drehen Sie den Spieß einfach einmal um – nicht das Gemüse wird von einer Einfassung aus Buchs oder ähnlichen Pflanzen umrandet, sondern Kohlrabi und Rote Bete dürfen die Rolle der stilvollen Umrahmung für ein Blumenbeet übernehmen! Verwenden Sie am besten Gemüsearten, die nach Möglichkeit eine längere Kulturzeit haben, damit Sie den »Gemüserahmen« nicht ständig erneuern müssen. Halten Sie außerdem immer einige Ersatzpflanzen bereit, um eventuell durch kümmerlichen Wuchs, Schädlings- oder Krankheitsbefall entstehende Lücken rasch wieder schließen zu können.

Ein Gemüsegärtchen für Kinder

Hier wurde ein leicht erhöhtes Beet, direkt auf Augen- und Nasenhöhe der Kleinen, mit Weidenruten eingefasst und bekommt so einen natürlichen und rustikalen Touch. Eine Bepflanzung aus Schnittlauch und Radieschen oder Möhren, die auch schnell mal direkt im Garten genascht werden kann, wird bei den meisten Kindern gut ankommen.

Expertentipp

Auf Kinderbeeten sind »Schnupperkräuter« und verschiedenfarbige, kleinfrüchtige Buschtomaten auch immer sehr willkommen.

Kombinierter »Topf- & Beet-Garten«

Selbst wenn Boden und Standort in Ihrem Küchengarten für manche Kräuter nicht ganz so gut geeignet sind, müssen Sie auf so attraktive Gewächse wie rotblättrige Perilla, panaschierte Ananasminze und nicht winterfesten Rosmarin nicht verzichten!
Setzen Sie die extravaganten Pflanzen einfach in Ton- oder Terracottatöpfe und platzieren Sie sie gut sichtbar auf den Wegen, am Beetrand oder in den Beeten zwischen den ausgepflanzten Kräutern, oder Sie senken die Pflanzen samt Topf bodeneben im Beet ein.

Kleines Küchengarten-ABC

Einige der im Text genannten Fachausdrücke sind nicht jedermann geläufig und werden daher hier erklärt.

Absenker: Bodennaher (oft auch schon von selbst auf dem Boden aufliegender) vorjähriger Trieb, der nach unten gebogen und in die Erde eingegraben wird. An der Umbiegungsstelle werden Wurzeln ausgebildet. Nach der Bewurzelung werden diese Triebe von der Mutterpflanze abgetrennt (z. B. Salbei, Lavendel, Johannisbeeren, Stachelbeeren).
Anbaupause: Pflanzenarten, die auf Wurzelausscheidungen u. ä. ihrer eigenen Art »allergisch«, d. h. mit Wachstumshemmungen reagieren, brauchen eine meist mehrjährige Anbaupause, bis sie wieder auf derselben Fläche angebaut werden dürfen.
Anhäufeln: An der Basis einer Pflanze wird Erde, Laub oder Mulchmaterial zu einem kleinen Hügel aufgehäuft. Anhäufeln kann als Winterschutz oder als Stabilisierung der Pflanzen dienen.
Art: Grundeinheit in der Pflanzensystematik, in der alle Individuen zusammengefasst werden, die sich in allen wesentlichen, erblich konstanten Merkmalen gleichen.
Auge: In den Blattachseln und an der Basis der Triebe von Stauden und Gehölzen sitzen kleine »schlafende« Knospen, die Augen. Daraus können neue Seitentriebe austreiben.
Ausläufer: Oberirdische Seitentriebe einer Mutterpflanze, an deren Enden sich kleine Tochter- oder Jungpflanzen entwickeln, die sich dann bewurzeln (z. B. Erdbeeren, Pfefferminze und Himbeeren).
Auslichten: Schnittmaßnahme, die dazu dient, die Wuchsform eines Gehölzes aufzulockern und es zu Neuaustrieb zu veranlassen; dabei werden schwache und alte Triebe entfernt.
Ballen: Von Erde umgebenes Wurzelwerk einer Pflanze.
Baum: Gehölz mit einer deutlichen Ausprägung von Stamm und Krone.
Boden, durchlässig: Ein Boden, der von seiner Struktur her bis in tiefere Schichten locker ist, mit hohem Sand- und/oder Humusanteil und frei von Verdichtungen; Wasser erreicht schnell die Wurzeln, Überschusswasser versickert bald.
Boden, humos: Ein humoser Boden enthält reichlich organische Substanz, die Nährstoffe liefert, und ein reges Bodenleben, welches die Nährstoffe aufschließt und für die Pflanzen verfügbar macht.
Boden, kalkhaltig: Ein kalkhaltiger oder alkalischer Boden weist einen Säuregrad oder pH-Wert über 7 auf.
Boden, strukturreich: Strukturreiche Böden enthalten viel grobes organisches Material und Bodenbestandteile möglichst unterschiedlicher Größe und Körnung.
Boden, tiefgründig: In einem tiefgründigen Boden können die Pflanzenwurzeln ohne Behinderung durch dichte Lehm- oder Gesteinsschichten gut bis in ca. 80 cm Tiefe vordringen.
Breitsaat: Breitwürfiges Aussäen des Saatgutes, das dann entweder eingearbeitet oder festgedrückt wird. Die Pflanzen müssen nach dem Austreiben ausgedünnt werden (schwache Pflanzen entfernen).
Buschbaum: Niedrige Baumform, bei der sich ein deutlicher Kronenansatz über einem geraden Stamm befindet (bei Obstbäumen ca. 40–60 cm über dem Boden).
Dibbelsaat: Fleckenweises Ausbringen mehrerer Samenkörner, so dass mehrere Pflanzen in einem Horst beieinander stehen (z. B. Bohnen).
Dunkelkeimer: Pflanzen, deren Samen nur im Dunkeln keimen. Sie müssen bei der Aussaat mit Erde bedeckt werden (siehe Angaben auf der Samentüte).
Container: Kunststoffbehälter für Stauden und Gehölze. Containerpflanzen können ganzjährig gepflanzt werden.
Dünger, mineralischer: Industriell hergestellter Dünger, der alle (Volldünger) oder bestimmte Mineralien (Spezialdünger) enthält. Er gibt seine Nährstoffe rasch an Boden und Pflanzen ab; wird meist in Form von Körnchen oder flüssig angeboten. Mineralischer Dünger wirkt meist schneller als organischer.
Dünger, organischer: Natürlich entstandener Dünger wie Stallmist, Kompost, pflanzliches Mulchmaterial, Gründüngung und Fertigprodukte wie Guano. Organische Dünger wirken langsamer und über einen längeren Zeitraum.
einjährig: Pflanzen, die innerhalb eines Jahres aus Samen austreiben, Blüten, Früchte und Samen bilden und danach wieder absterben, d.h., sie müssen jedes Jahr neu aus Samen gezogen werden.
Entgeizen: Ausbrechen von Blütentrieben aus den Blattachseln.
Entspitzen: Abschneiden von Triebspitzen; der Austrieb von Seitentrieben wird gefördert; die Pflanze wird buschiger und kompakter.
Flachwurzler: Pflanzen, deren Wurzeln sich flach und dicht unter der Erdoberfläche ausbreiten.
Fremdbefruchtung: Pflanzen (v. a. Obstgehölze) brauchen zur Befruchtung ihrer Blüten eine andere Sorte als Pollenspender, die exakt zur selben Zeit blüht.
Gehölz: Pflanzen mit verholzten Stämmen und Trieben (Bäume und Sträucher).
Gründüngung: Pflanzen, die zur Bodenverbesserung ausgesät werden. Sie

verhindern die Austrocknung des Bodens, unterdrücken Unkräuter, verbessern die Bodenstruktur und liefern Nährstoffe.
Halbstamm: Baumform, bei der sich ein deutlicher Kronenansatz über einem geraden Stamm befindet (bei Obstbäumen ca. 100–120 cm über dem Boden).
Halbstrauch: Pflanzen, die im unteren Bereich verholzen und im oberen Bereich jedes Jahr neue grüne, nicht holzige Triebe ausbilden (z. B. Lavendel, Salbei).
Hochstamm: Baumform, bei der sich ein deutlicher Kronenansatz über einem geraden Stamm befindet (bei Obstbäumen ca. 160–180 cm über dem Boden).
Humus: Nährstoffreiche obere Bodenschicht, die aus verrottetem organischem Material entsteht.
Kompost: Humusartige Erde, die bei der Verrottung und Zersetzung organischer Abfälle entsteht.
Lichtkeimer: Pflanzen, deren Samen zum Keimen eine bestimmte Lichtmenge benötigen; sie dürfen nicht mit Erde bedeckt werden (siehe Angaben auf der Samentüte).
mehrjährig: Stauden oder Gehölze, die im Verlauf mehrerer Jahre immer wieder neu austreiben, blühen und fruchten.
Mulch: Deckschicht für Beete und freie Erdflächen; hält Bodenfeuchtigkeit zurück, unterdrückt Unkräuter und verbessert die Bodenstruktur.
Mutterpflanze: Ausgewachsene, gesunde Pflanze, von der Jungpflanzen z. B. in Form von Stecklingen abgenommen werden.
Nitrat: Stickstoffverbindung, die von den Pflanzen gut aufgenommen werden kann. Reichert sich bei Überdüngung in Pflanzen und Böden an.
panaschiert: weiß-grün oder gelbgrün gefleckte Blätter.
pH-Wert: Maßzahl für den Säuregrad des Bodens. Böden mit pH-Wert um 7 sind neutral, niedrigere Werte kennzeichnen saure (z. B. torfhaltige Böden), höhere Werte basische (z. B. Kalkböden) Böden.
Pikieren: Vereinzeln der kleinen, aus Samen gekeimten Pflänzchen, damit die Einzelpflanze mehr Licht und Standraum bekommt.
pilliertes Saatgut: Samen, die vom Samenhandel mit Hüllmasse (z. B. pulverisiertes Holz- oder Steinmehl) umgeben werden.
Pollenspender: Obstsorte, die bei fremdbefruchteten Obstgehölzen rechtzeitig zur Blütezeit den Pollen zur Befruchtung liefert.
Reihensaat: Aussaat in Reihen, die eine bessere Standraumverteilung und eine Vereinfachung bei den Pflegearbeiten zur Folge hat.
Sämling: Junge, aus einem Samen gekeimte Pflanze. Bildet zuerst typische Keimblätter aus, die sich deutlich von den später erscheinenden Laubblättern unterscheiden.
Schwachzehrer: Schwachzehrer benötigen wenig Nährstoffe (z. B. Buschbohnen).
Seitentrieb: Aus den Knospen des Haupttriebes entwickeln sich je nach Art unterschiedlich verzweigte Seitentriebe, die in der Regel die Blüten tragen.
selbstbefruchtend: Pflanzen (v. a. Obstgehölze), bei denen die Befruchtung der Blüten innerhalb ein und derselben Pflanze bzw. Sorte stattfinden kann.
Sorte: Zuchtform einer Kulturpflanzenart. Sorten werden nach internationalen Regeln durch Einzelanführungsstriche oder ein vorgesetztes cv. gekennzeichnet (*Malus* 'Jonathan').
Spalier: Flache und Platz sparende Erziehungsform eines Obstgehölzes an einer Wand oder an einem Zaun.
Starkzehrer: Starkzehrer benötigen viel Nährstoffe (z. B. Kohl).
Staude: Mehrjährige, nicht verholzte Pflanze, deren oberirdische Teile im Winter absterben und die im Frühjahr neu austreibt (z. B. Liebstöckel).
Staunässe: In Senken oder Böden mit tiefer liegenden, tonigen Schichten oder stark verdichteten Böden kann das Regenwasser nicht abfließen und verbleibt zwischen den Bodenteilchen – Staunässe ist die Folge.
Stecklinge: Meist diesjährige Triebspitzen von Kräutern und Gehölzen, die nicht mehr ganz weich, aber auch noch nicht verholzt sind. In Wasser oder Erde gesteckt, können sie sich bewurzeln, Knospen und Triebe bilden (z. B. Rosmarin, Lavendel).
Strauch: Gehölz mit mehreren Haupttrieben, die sich deutlich von der Basis ab verzweigen.
Tiefwurzler: Pflanzen mit einer sehr tief in den Boden reichenden Hauptwurzel und wenigen Nebenwurzeln.
Unterlage: Wildform oder Kultursorte, die im Obstbau als Wurzelbildner verwendet wird. Auf die Unterlage wird die Edelsorte veredelt.
Veredlung: Die meisten Obstsorten werden veredelt, d. h., auf einer robusten Unterlage, die die Wurzel ausbildet, wächst die Edelsorte, die als Stamm- und Kronenbildner fungiert und die Früchte liefert.
Wurzelausläufer: Unterirdische Seitentriebe einer Mutterpflanze, an deren Enden sich kleine Tochter- oder Jungpflanzen entwickeln (z. B. Pfefferminze, Himbeeren).
Wurzelschnittlinge: Abgetrennte Wurzelstücke mit einem austriebfähigen Auge oder Knospe, die sich zu neuen Pflanzen entwickeln können.
zweihäusig: Pflanzenart, bei der männliche und weibliche Blüten auf verschiedenen Pflanzen wachsen (z. B. Sanddorn).

Hilfreiche Literatur und Adressen

Hilfe und Anregungen bei allen gärtnerischen Problemen bieten Organisationen und Verbände, Zeitschriften und Bücher.
Legen Sie schriftlichen Anfragen stets einen frankierten Rückumschlag bei.

Bodenuntersuchungen:

Auskunft über Institutionen in Ihrer Nähe erteilt:

Verband Deutscher Landwirtschaftlicher Untersuchungs- und Forschungsanstalten (VDLUFA)
Bismarckstraße 41 A
64293 Darmstadt

Pflanzenschutz:

Biologische Bundesanstalt für Land- und Forstwirtschaft
Königin-Luise-Straße 19
14195 Berlin

Biologische Bundesanstalt für Land- und Forstwirtschaft
Messeweg 11/12
38104 Braunschweig

Bundesamt für Landwirtschaft, Sektion Zertifizierung und Pflanzenschutz
Mattenhofstraße 5
CH-3003 Bern

Bundesamt und Forschungszentrum für Landwirtschaft
Spargelfeldstraße 191
A-1226 Wien

Verbände:

Bund Deutscher Baumschulen e. V. (BdB)
Bismarckstraße 49
25421 Pinneberg

Bund Deutscher Staudengärtner (BdS)
Gießener Straße 47
35305 Grünberg

Deutsche Gartenbaugesellschaft 1822 e.V.
Webersteig 3
78462 Konstanz

Österreichische Gartenbaugesellschaft
Parkring 12/III 1
A-1010 Wien

Verband Deutscher Gartencenter
Borsigallee 10
53125 Bonn
www.kraeuterei.de

Zeitschriften:

FLORA
Gruner & Jahr AG & Co. KG
20444 Hamburg

Gärtnern leicht gemacht
Living & More Verlag GmbH
Lange Straße 51
77652 Offenburg

Gartenpraxis
Eugen Ulmer Verlag
Postfach 7000561
70574 Stuttgart

Garten und Haus
Österreichischer Agrarverlag
Achauerstraße 49 a
A-2333 Leopoldsdorf/Wien

GartenZeitung
Deutscher Bauernverlag GmbH
Wilhelmsaue 37
10713 Berlin

Kraut & Rüben
DLV GmbH
Lothstraße 29
80797 München

mein schöner Garten
Burda Senator Verlag GmbH
Postfach 1520
77605 Offenburg

Schweizer Garten
Zeitschrift der deutsch-schweizerischen Gartenbauvereine
Bahnhofplatz 1
CH-3110 Münsingen

Weiterführende Literatur:

BdB Handbuch Obstgehölze
Fördergesellschaft »Grün ist Leben« Baumschulen GmbH, Pinneberg

Das große GU Praxishandbuch Garten. Gräfe und Unzer Verlag, München

Greiner/Weber: *Kräuter.* Gräfe und Unzer Verlag, München

Hensel, W.: *Gartenpraxis.* Gräfe und Unzer Verlag, München

Hudak, R.: *Kräuter.* Gräfe und Unzer Verlag, München

Hudak, R.: *Obst, Gemüse & Kräuter.* Gräfe und Unzer Verlag, München

Kawollek: *Das Ulmer Gartenbuch.* Eugen Ulmer Verlag, Stuttgart.

Niller: *Der große und der kleine Gemüsegarten.* Paul Parey Verlag, Berlin, Hamburg

Sartorius: *Mischkultur und Fruchtwechsel.* Franckh-Kosmos-Verlag, Stuttgart.

Arten- und Sachregister

Halbfett gesetzte Seitenzahlen verweisen auf Abbildungen.

Die Autorin
Renate Hudak ist Diplom-Ingenieurin für Gartenbau. Im Anschluss an ihr Studium war sie mehrere Jahre in Baumschulen, Garten-Planungsbüros und in der Kreisfachberatung für Gartenbau und Landespflege beschäftigt. Sie ist seit 1993 am Botanischen Garten Augsburg tätig und dort für Bürgerberatung, Öffent-lichkeits- und Pressearbeit zuständig.
Seit mehreren Jahren arbeitet sie als freie Gartenautorin und gibt Seminare rund um Garten, Natur und Pflanzen.

Die Fotografen
Fotos im Praxisteil:
Baumjohann: Seite 50 li., 53 ut., 57 ob., 65 mi., 66 ob.; Blickwinkel/Schmidbauer: Seite 70; Böswirth/Thinschmidt: Seite 24; Borstell: Seite 11, 17, 19 re., 20 ut., 21 mi, 39; Buchter: Seite 20 ob., 68 re., 73 li.; Caspersen: Seite 14; Diez: Seite 6; GBA/Noun: Seite 60 li.; GBA/GPL: Seite 60 re.; Henseler: Seite 67 ut., 69 re.; Himmelhuber: Seite 50 re.; IFA-Bilderteam/Flowerphotos: Seite 4; Jahreiß: Seite 2/3; 43 li.; Krieg: Seite 56 ob.; Kuttig: Seite 64 re., 65 re.; Laux: Seite 54 re.; Nickig: Seite 19 mi., 49 re., 55 mi.; Pforr: Seite 19 li., 29 ob., 41, 68 li., 71 ob., 71 mi.; Redeleit: Seite 21 ob., 21 ut., 26, 29 mi., 29 ut., 31(1-3), 32, 33 (1-3), 34 (1-2), 35 (1-3), 36 1-v-o., 37 1-v-o., 37 2-v-o., 37 1-v-u., 40, 43 mi., 44 (1-2), 45 ob., 45 ut., 46 (1-2), 47 (1-3), 49 li., 51 (1-4), 52 (2), 53 ob., 56 ut., 57 ut., 58, 59 (1-3), 61 li., 61 re., 62 2-v-o., 63 2-v-o., 64 li., 67 ob., 67 mi., 72 (1-2); Reinhard: Seite 12, 25, 30, 42, 48, 49 mi., 55 li., 55 re., 62 1-v-o., 62 2-v-u., 62 1-v-u., 63 1-v-o., 63 2-v-u., 63 1-v-u., 65 li., 73 mi., 73 re.; Schäfer: Seite 69 mi.; Schneider/Will: Seite 13, 15, 18, 27, 28, 66 ut.; Stockfood/Shulevsky: Seite 23; Stork: 36 2-v-o, 36 2-v-u, 43 re., 54 li., 69 li.; Strauß: Seite 8/9, 36 1-v-u., 37 2-v-u., 45 mi., 53 mi., 57 mi., 61 mi., 71 ut;

Fotos im Porträtteil:
Borstell: Seite 74/75, 85 li., 85 mi., 100 re., 101 re., 103 mi., 107 mi., 113 mi.;
Diez: Seite 110 re.; Fischer: Seite 86 li., 111 li.; Gärtnerei Pötschke: 103 re.; Himmelhuber: Seite 102 mi., 105 mi.; Laux: Seite 81 li., 82 li., 83 (1-3), 92 re., 93 mi., 93 re., 95 mi., 95 re., 97 li., 98 mi., 100 mi., 101 li., 102 li, 103 li. 104 mi., 112 mi., 112 re., 113 li., 115 li., 115 re.; Nickig: Seite 79, 80 (1-3), 81 mi., 89, 90 re., 91 li., 94 li., 96 li., 96 re., 98 li., 99 mi., 107 li., 111 mi., 112 li., 113 re., 114 li., 114 re., 116 li., 116 re., 117 li., 117 mi.; Pforr: Seite 84 li., 93 li., 97 mi., 99 li., 105 li. ob., 104 re. ut., 105 li. ut., 110 mi., 114 mi.; Redeleit: Seite 95 li., 102 re., 104 re. ob., 105 re.; Reinhard: Seite 77, 82 mi., 84 re., 87 (1-2), 92 li., 92 mi., 94 re., 96 mi., 97 re., 98 re., 99 re., 100 li., 104 li., 106 mi., 106 re., 107 re., 110 li., 111 re., 115 mi., 116 mi.; Strauß: Seite 81 re., 82 re., 84 mi., 85 re., 86 mi., 86 re., 90 li., 90 mi., 91 re., 94 mi., 106 li., 109, 117 re.

Fotos im Gestaltungsteil:
Borstell: Seite 123, 125, 127 ob., 127 mi., 130 ut., 131 ut., 132, 133 ob., 138, 140 ut., 142, 149, 152 ut., 153 ob., 155 li., 155 mi., 157 ut., Diez: Seite 148; GBA/GPL: Seite 140 ob., 145 mi.; Haas: Seite 127 ut.; Lawson: Seite 134; Nichols: Seite 128; Nickig: Seite 131 ob., 137 li., 137 re., 141 mi., 145 ob., 147, 150, 155 re., 156; Pforr: Seite 131 mi., 133 mi., 153 mi.; Reinhard: Seite 133 ut., 141 ob., 141 ut., 145 ut., 151 mi., 157 ob.; Schneider/Will: Seite 118/119, 122, 127 ob., 130 ob., 136, 137 mi., 151 ut.,152 ob., 153 ut., 154; Strauß: Seite 121, 144, 151 ob., 157 mi.

Fotos Cover und Rückseite:
Cover: Marion Nickig
Rückseite li.: Hans Reinhard
Rückseite re.: Henning Bornemann

Impressum

DAS ORIGINAL · GU · MIT GARANTIE

Das Original mit Garantie

Ihre Meinung ist uns wichtig. Deshalb möchten wir Ihre Kritik, gerne aber auch Ihr Lob erfahren. Um als führender Ratgeberverlag für Sie noch besser zu werden. Darum: Schreiben Sie uns! Wir freuen uns auf Ihre Post und wünschen Ihnen viel Spaß mit Ihrem GU-Ratgeber.

Unsere Garantie:
Sollte ein GU-Ratgeber einmal nicht Ihren Vorstellungen entsprechen und einen Fehler enthalten, schicken Sie uns bitte das Buch mit einem kleinen Hinweis und der Quittung innerhalb von sechs Monaten nach dem Kauf zurück. Wir tauschen Ihnen den GU-Ratgeber gegen einen anderen zum gleichen oder ähnlichen Thema um.

Ihr Gräfe und Unzer Verlag
Redaktion Haus und Garten
Stichwort: Küchengarten
Postfach 86 03 66
D-81630 München
Fax: 089/41981-113
e-mail: leserservice@graefe-und-unzer.de

Programmleitung: Steffen Haselbach
Leitende Redaktion: Anita Zellner
Redaktion: Michael Eppinger
Lektorat: Sonnhild Bischoff
Bildredaktion: Daniela Jelinek
Umschlaggestaltung und Layout: independent Medien-Design, München
Produktion: Bettina Häfele
Satz: Bernd Walser Buchproduktion, München
Reproduktion: Fotolito Longo, Bozen
Druck: Appl, Wemding
Bindung: m. appl GmbH, Monheim
Printed in Germany

ISBN (10) 3-8338-0193-X
ISBN (13) 978-3-8338-0193-8

Auflage	4	3	2	1
Jahr	2009	2008	2007	2006

GRÄFE UND UNZER
Ein Unternehmen der
GANSKE VERLAGSGRUPPE

Gartenlust pur

GU Gartenspaß – Schritt für Schritt zum grünen Paradies

ISBN (10) 3-7742-6680-8
ISBN (13) 978-3-7742-6680-3
168 Seiten

ISBN (10) 3-7742-6683-2
ISBN (13) 978-3-7742-6683-4
168 Seiten

ISBN (10) 3-7742-6681-6
ISBN (13) 978-3-7742-6681-0
168 Seiten

Preis je Band: 16,90 € [D]

ISBN (10) 3-7742-6393-0
ISBN (13) 978-3-7742-6393-2
168 Seiten

ISBN (10) 3-7742-8838-0
ISBN (13) 978-3-7742-8838-6
168 Seiten

ISBN (10) 3-7742-6682-4
ISBN (13) 978-3-7742-6682-7
168 Seiten

Änderungen und Irrtum vorbehalten.

Gärtnerwissen für Einsteiger:

Gartenpraxis – leicht verständlich Schritt für Schritt

Pflanzenauswahl – 100 ausführliche Porträts

Gestaltung – viele inspirierende Ideen

GU

Willkommen im Leben.